Generation Hochschulabschluss:
Vielfältige Perspektiven auf Studium und Berufseinstieg

Choni Flöther,
Georg Krücken (Hrsg.)

Generation Hochschulabschluss: Vielfältige Perspektiven auf Studium und Berufseinstieg

Analysen aus der Absolventenforschung

Waxmann 2015
Münster • New York

Bibliografische Informationen der Deutschen Nationalbibliothek
Die Deutsche Nationalbibliothek verzeichnet diese Publikation in
der Deutschen Nationalbibliografie; detaillierte bibliografische
Daten sind im Internet über http://dnb.d-nb.de abrufbar.

Print-ISBN 978-3-8309-3221-5
E-Book-ISBN 978-3-8309-8221-0

© Waxmann Verlag GmbH, Münster 2015
Steinfurter Straße 555, 48159 Münster

www.waxmann.com
info@waxmann.com

Umschlaggestaltung: Inna Ponomareva, Münster
Titelbild: © INCHER-Kassel
Satz: Sven Solterbeck, Münster

Gedruckt auf alterungsbeständigem Papier,
säurefrei gemäß ISO 9706

Inhalt

Choni Flöther, Georg Krücken

Generation Hochschulabschluss

Einleitung

Mit dem kontinuierlichen Anstieg des Studierendenanteils an der Bevölkerung gewinnen wissenschaftliche Studien zu Hochschulabsolventinnen und -absolventen eine immer größere Bedeutung für die Gesellschaft. Auch wenn zu berücksichtigen ist, dass nicht alle Studierenden ihr Studium abschließen, finden wir in Deutschland mittlerweile eine Situation vor, in der ein abgeschlossenes Hochschulstudium zunehmend zur Normalität wird und die persönlichen und beruflichen Biographien von immer mehr Menschen prägt – die Generation Hochschulabschluss. Deutschland ist mit diesem Anstieg Teil eines globalen Trends, den der amerikanische Hochschulforscher Martin Trow schon vor ca. 40 Jahren als Entwicklung der Hochschulen von einem kleinen, elitären Sektor der Gesellschaft zu einem System umfassender Inklusion der Bevölkerung in die Hochschulbildung beschrieben hat (Trow 1974). Dieser Trend hat sich gerade in den letzten Jahren dramatisch fortgesetzt. Galt vielen vor wenigen Jahren noch der OECD-Benchmark einer Studienanfängerquote von 40 Prozent als in Deutschland kaum erreichbar, so liegt aktuellen Statistiken zufolge diese Quote bei ca. 51 Prozent (Statistisches Bundesamt 2014: 132). Während der Zugang zu Universitäten über Jahrhunderte nur wenigen Privilegierten vorbehalten war, haben wir es heutzutage – trotz weiterhin bestehender sozialer Ungleichheiten, die in Deutschland im internationalen Vergleich eher stark ausgeprägt sind (Shavit et al. 2007) – mit einem Phänomen zu tun, das von überragender Bedeutung für ganz unterschiedliche Bevölkerungsgruppen, Staat, Wirtschaft und Zivilgesellschaft geworden ist. Auf diese Entwicklung muss auch die Hochschulforschung, die sich der wissenschaftlichen Erforschung ganz unterschiedlicher Aspekte der Hochschulwirklichkeit (Forschung, Lehre, Transfer, Governance etc.) widmet, mit verstärkten Forschungsanstrengungen reagieren. Die Voraussetzungen hierfür sind nicht einfach, da die Hochschulforschung etwa im Vergleich zur wissenschaftlichen Erforschung von Schulen in Deutschland nur sehr schwach institutionalisiert ist und kaum über Professuren verfügt. Umso wichtiger ist es, dass sich das International Centre for Higher Education Research Kassel (INCHER-Kassel) der Universität Kassel allen thematischen Konjunkturen und Veränderungen zum Trotz seit vielen Jahren kontinuierlich mit der Situation von Hochschulabsolventinnen und -absolventen befasst.

Wissenschaftliche Studien zu Hochschulabsolventinnen und -absolventen gewinnen zugleich an Bedeutung für die Hochschulen selbst. Dies hat nicht nur mit der zuvor beschriebenen Expansion der Hochschulbildung zu tun, sondern auch mit Veränderungen in der Hochschul-Governance, die Grundlage dafür ist, dass Hochschulen sich zunehmend als eigenständige, handlungs-, entscheidungs- und strategiefähige Akteure konstituieren (Krücken und Meier 2006). Traditionell gelten Hochschulen im Vergleich zu anderen Organisationen intern als steuerungsschwach. Indem sich der Staat als dominanter Governance-Akteur jedoch zunehmend aus der Detailsteuerung zurückzieht und über Zielvereinbarungen auf die Hochschulen einwirkt, müssen diese in ganz anderer Weise ihre internen Prozesse organisieren und hierfür entsprechende Selbststeuerungskapazitäten aufbauen. Dies gilt in besonderer Weise für Fragen der Berufseinmündung von Absolventinnen und Absolventen sowie deren retrospektive Einschätzung des Studiums, dessen Stärken und Schwächen. Nur indem diese Fragen systematisch und fächerübergreifend gestellt und beantwortet werden, lässt sich für die Hochschulen relevantes Steuerungswissen generieren, das es ihnen erlaubt, gestiegenen Rechenschaftspflichten („accountability") nachzukommen und sich strategisch auf zukünftige Entwicklungen einzustellen. Dieses Steuerungswissen erfordert einen spezifischen Typus von Absolventenstudien, der bei aller notwendigen wissenschaftlichen Distanz immer auch die Kooperation mit den Hochschulen sucht, um so handlungsrelevantes Wissen zu generieren, das über vielfältige Prozesse von den Hochschulen zur Selbststeuerung eingesetzt werden kann. Die Alternative zu diesem Typus von Absolventenstudien wäre angesichts der Anforderungen ein Anstieg eigener Einzelbefragungen der Hochschulen bzw. einzelner Studiengänge ihrer Absolventinnen und Absolventen. Bei Einzelstudien fehlen den Hochschulen jedoch die Vergleichsmöglichkeiten der Ergebnisse der eigenen Absolventenstudien mit denen anderer Hochschulen („benchmark"), was für eine sinnvolle Interpretation und Einordnung der Ergebnisse von Absolventenstudien aber unerlässlich ist. Zusätzlich besteht die Gefahr, dass ad hoc entwickelte Befragungen sich nur unzureichend an wissenschaftlichen Standards orientieren.

Vor diesem Hintergrund startete im Jahr 2007 das „Kooperationsprojekt Absolventenstudien (KOAB)", initiiert durch das Netzwerk Absolventenforschung sowie durch das INCHER-Kassel. KOAB zielt darauf ab, hochschulspezifische Absolventenstudien in einem bundesweit koordinierten Projekt durchzuführen, das sowohl wissenschaftlichen Ansprüchen als auch dem gewachsenen Bedarf der einzelnen Hochschulen gerecht wird (vgl. auch Janson 2014; Schomburg 2012; Heidemann und Janson 2009). Dies beinhaltet, dass unter der Koordination des INCHER-Kassel Hochschulen gemeinsam Absolventenstudien durchführen, die eine identische Anlage der Befragungen aufweisen und einen Fragebogen nutzen, der hinsichtlich zentraler Fragestellungen einheitlich ist. Dieser Kernfragebogen kann durch optionale Standardfragen sowie hochschulspezifische Fragen für jede Hochschule individuell angepasst werden. Die Datensammlung und deren Aufbereitung erfolgt zentral durch das INCHER-Kassel, so dass ein einheitlicher Gesamtdatensatz sowie jeweils individuelle Datensätze für die einzelnen Hochschulen entstehen. Zielgruppe der Befragungen ist jeweils ein Absolventenjahrgang der beteiligten Hochschulen. Die Absolventinnen und Absolventen werden ein bis zwei Jahre nach erfolgreichem Abschluss zur Teilnahme eingeladen (Erstbefragung) und ca. 4,5 Jahre nach dem Studienabschluss werden die Teilnehmerinnen und Teilnehmer erneut befragt (Zweitbefragung). Die KOAB-Befragungen sind als Vollerhebungen angelegt, da nur so ausreichende Fallzahlen für fach- und studiengangsspezifische Ergebnisse generiert werden können. Der Versand von Einladungen und die Verwaltung und Pflege von Adressbeständen wird selbstständig von den Hochschulen übernommen und finanziert. Auch die Aktualisierung der Adressbestände wird durch die einzelnen Hochschulen gewährleistet. Die positiven Erfahrungen der bisherigen Absolventenbefragungen sprechen für diese Methode: Der Mittelwert der Antwortquoten von allen beteiligten Hochschulen liegt zwischen 44 und 50 Prozent und somit über den Rücklaufquoten vergleichbarer Studien in Deutschland (vgl. Tabelle 1; für weitere methodische Fragen vgl. Heidemann 2011, 2010).

Die meisten der hier vorliegenden Beiträge basieren auf den Ergebnissen der Absolventenbefragung 2012 (Erstbefragung), an der sich rund 34.000 Absolventinnen und Absolventen des Abschlussjahrgangs 2010 beteiligt haben. Im Gesamtdatensatz sind die Ergebnisse von 43 Hochschulen enthalten (31 Universitäten, elf Fachhochschulen und eine Kunsthochschule). Ein Beitrag (Müller) nutzt für seine Analyse die Daten aus der Zweitbefragung 2012, an der sich knapp 4.800 Absolventinnen und Absolventen des Abschlussjahrgangs 2007 beteiligt haben. An der Zweitbefragung hatte sich nur rund die Hälfte der Hochschulen beteiligt (26 Hochschulen), so dass die Anzahl der eingeladenen Absolventinnen und Absolventen entsprechend geringer ausgefallen ist als bei der Erstbefragung.

Dieser Band enthält Beiträge zu unterschiedlichen Facetten der KOAB-Studien. Der Schwerpunkt des Buches liegt in der Darstellung und Analyse von Befragungsdaten des KOAB. Im Vordergrund steht dabei der Übergang vom Studium in den Beruf, der für unterschiedliche Gruppen analysiert wird. Darüber hinaus enthält es aber auch Beiträge zur aktuellen Bedeutung von Absolventenstudien – jeweils mit einem Fokus auf das Kooperationsprojekt Absolventenstudien.

Die Einordung der KOAB-Studien in den Kontext der Absolventenforschung wird durch den ersten Beitrag dieses Bandes geleistet. *Ulrich Teichler* liefert einen Überblick über die historische Entwicklung der Anforderungen, die an Absolventenstudien gestellt wurden und werden, und der sich hieraus ergebenden zentralen Fragestellungen für solche Studien. Als ein Beispiel hierfür sei die Diskussion über die Passung von Studium und Beruf genannt. Im Zeitverlauf wird sowohl der wachsende Anspruch an die Komplexität von Absolventenstudien aber auch an deren Verwertbarkeit für das Hochschulsystem deutlich. Daraus

Tabelle 1: *Anlage und Durchführung des Kooperationsprojekts Absolventenstudien 2007–2014: Befragung 1,5 Jahre nach Studienabschluss*

	Absolventenbefragung						
	2008	**2009**	**2010**	**2011**	**2012**	**2013**	**2014**
Befragter Ab-schlussjahrgang	2006 (WS 05 + SoS 06)	2007 (WS 06 + SoS 07)	2008 (WS 07 + SoS 08)	2009 (WS 08 + SoS 09)	2010 (WS 09 + SoS 10)	2011 (WS 10 + SoS 11)	2012 (WS 11 + SoS 12)
Zeitpunkt der Befragung	Dez. 07 – März 08	Okt. 08 – Feb. 09	Okt. 09 – Feb. 10	Okt. 10 – Feb. 11	Okt. 11 – Feb. 12	Okt. 12 – Feb. 13	Okt. 13 – Feb. 14
Beteiligte Hochschulen	9	48	45	49	44	72	65
Erreichte Ab-solvent/innen	12.800	75.000	70.000	84.000	87.000	141.000	119.000
Antworten (unkorrigiert)	6.300	37.500	33.000	38.000	34.000	61.000	50.000
Antwortquote (Mittelwert der Hochschulen)	49%	50%	49%	48%	46%	45%	44%

Quelle: INCHER-Kassel, Kooperationsprojekt Absolventenstudien (2014)

resultierten sowohl Chancen als auch Herausforderungen bei der Nutzung der Ergebnisse aus Absolventenstudien.

Eine Frage, die für Hochschulen auch in Absolventenstudien von Interesse sein kann, ist die Bewertung des Studiums in der Rückschau der Absolventinnen und Absolventen. Mit etwas Abstand zum Studium und ersten beruflichen Erfahrungen ermöglicht die Beurteilung durch Absolventinnen und Absolventen einen etwas anderen Blick, als es die der Studierenden vermag. Besonders bei Aspekten, die eng mit der beruflichen Relevanz des Studiums verbunden sind, wie Praxisbezug oder Kompetenzerwerb sind Absolventenbefragungen von besonderem Interesse. Dass diese retrospektive Bewertung recht unterschiedlich ausfallen kann, zeigen die beiden Beiträge von *Tim Niels Plasa* und *Vera Wolf*. Plasa stellt die Bewertung von Studienbedingungen in Mathematik, Naturwissenschaften und Informatik dar und findet dort hinsichtlich der Studienbedingungen ein weitgehend positives Resümee der Absolventinnen und Absolventen. Die Sichtweise ehemaliger Lehramtsstudierender auf ihr Studium, die Wolf präsentiert, ist hingegen weniger positiv und verdeutlicht die Besonderheit bzw. besondere Problematik der Absolventinnen und Absolventen mit einem Übergang in den Vorbereitungsdienst (Referendariat).

Das ehrenamtliche Engagement von Studierenden steht im Mittelpunkt des Beitrags von *Lars Müller*. In der jüngsten Zeit wird gesellschaftliches Engagement als „Service-Learning" oder „Community-Learning" an einzelnen Hochschulen in das Studium integriert. Zugleich wird bei Studierenden eine wachsende Nutzenorientierung bei der Aufnahme ehrenamtlichen Engagements vermutet. Vor diesem Hintergrund geht der Autor der Frage nach, ob Absolventinnen und Absolventen das soziale Kapital, das sie durch Engagement während der Studienzeit erlangt haben, bei der Beschäftigungssuche nutzen bzw. nutzen können.

Auch der Beitrag von *Choni Flöther* wirft eine Frage der Nützlichkeit auf – in diesem Fall die der Promotion. Welche beruflichen Wege zeigen sich nach der erfolgreichen Promotion neben dem Verbleib in der Wissenschaft? Die berufliche Situation wird dabei im Vergleich zu Absolventinnen und Absolventen ohne Promotion dargestellt, ein Vergleich, den die Promovierten nicht scheuen müssen. Mit der Darstellung der Situation während der Promotionsphase wird zusätzlich danach gefragt, ob sich als Kontrast zur Situation nach der Promotion eine beruflich nachteilige Situation für Promovierende feststellen lässt.

Der abschließende Beitrag von *Kerstin Janson* behandelt die Frage, in welcher Weise die gemeinsam mit den Hochschulen durchgeführten Absolventenstudien von den einzelnen Hochschulen als Informationsgrundlage für ihre Organisationsentwicklung eingesetzt werden. Dabei zeigt sich ein breites Spektrum, das ganz unterschiedliche Anwendungsfelder (Akkreditierung, Studiengangentwicklung, Studienberatung, Career- und Alumni-Service etc.) umfasst. Zugleich wird deutlich, dass es erhebliche Unterschiede zwischen den Hochschulen gibt und die Nutzungsmöglichkeiten im Zeitverlauf erweitert wurden.

Mit den hier vorliegenden Beiträgen werden wichtige Ergebnisse des großen und komplexen Kooperationsprojektes Absolventenstudien (KOAB) vorgestellt. Für die Zukunft sind weitere derartige Publikationen geplant, da sich das Feld dynamisch weiterentwickelt und zahlreiche spannende Fragen – etwa zur zunehmenden Diversität der Studierenden und Studiengänge oder zum Bachelor-Master-Übergang – hier noch nicht adressiert wurden. Über diese Fragen hinaus sehen wir vor allem drei Perspektiven der Weiterentwicklung von KOAB:

Erstens bieten die Ergebnisse der Absolventenstudien wichtige Anknüpfungspunkte zu anderen Bereichen der Hochschulforschung wie sie auch am INCHER-Kassel eine wichtige Rolle spielen. Neben dem Forschungsschwerpunkt „Studierende und Absolvent/innen" verfügt das INCHER-Kassel über drei weitere thematische Schwerpunkte, die hierfür wichtige Impulse geben: Mit Bezug auf den „Wissenschaftlichen Wandel" stellt sich z. B. die Frage, was die zunehmende Berücksichtigung berufsvorbereitender Qualifikationen und des Arbeitsmarkterfolges für das traditionelle Wissenschaftsverständnis bedeutet. Im Hinblick auf „Innovation und Transfer" bestehen Anknüpfungsmöglichkeiten darin, Absolventinnen und Absolventen als Knotenpunkte in Innovationssystemen zu verstehen, die vielfältige Verbindungen zwischen Hochschule, Wirtschaft und anderen gesellschaftlichen Bereichen herstellen und den wechselseitigen Wissenstransfer verstärken. Ebenso lässt sich vor dem Hintergrund von Forschungen zu „Governance und Organisation" besser erfassen, welche Möglichkeiten es gibt, um organisationale Lernprozesse in Bezug auf die Nutzung und Weiterentwicklung von Absolventenstudien voranzutreiben.

Zweitens zeigt sich, dass die Erstbefragung vielfach nicht ausreicht, um adäquate Informationen zur beruflichen Einmündung von Hochschulabsolventinnen und -absolventen zu erhalten. Dies gilt ganz offensichtlich für Studienfächer, die mit einem Vorbereitungsdienst abschließen, aber auch in vielen anderen Fächern besteht häufig ein längerer Such- und Orientierungsprozess, der eine Zweitbefragung als sinnvoll erscheinen lässt. Ebenso ist es sowohl aus Sicht der Absolventenforschung als auch der Hochschulentwicklung von Bedeutung, mehr über den beruflichen Verlauf von Absolventinnen und Absolventen zu erfahren. Panelbefragungen, die regelmäßig mehrere Jahre nach der Erstbefragung stattfinden, liefern diese Informationen, die gegenwärtig nur für einen Teil der Hochschulen zur Verfügung stehen.

Drittens darf der Titel „Generation Hochschulabschluss" nicht darüber hinwegtäuschen, dass nicht alle Studienanfängerinnen und -anfänger ihr Studium auch tatsächlich abschließen. So stellt sich auch beim Thema Studienabbruch die Frage, ob wissenschaftlich anspruchsvolle Studien in einer Weise angelegt werden können, die es ermöglicht, für einzelne Hochschulen individuelle Ergebnisse, zugleich aber übergreifende Vergleichsmöglichkeiten zu generieren.

Hinter dem KOAB steht ein mehrköpfiges Team am INCHER-Kassel, das durch seine kontinuierliche Arbeit in der Datenerhebung und -bearbeitung, der inhaltlichen und methodischen Weiterentwicklung der Studie sowie der Koordination der Zusammenarbeit mit der Vielzahl an Hochschulen die Durchführung dieses anspruchsvollen Projekts möglich macht. Unser besonderer Dank gilt deshalb den Mitarbeiterinnen und Mitarbeitern des INCHER-Kassel: René Kooij (Projektleitung, gemeinsam mit Georg Krücken), Bettina Alesi, Tamara Arutyunyants, Katharina Benderoth, Constanze Engel, Andreas Gohs, Ilyas Hilal, Lars Müller, Sebastian Neumeyer, Irena Piertrzyk, Tim Niels Plasa und den ehemaligen Mitarbeiterinnen und Mitarbeitern Harald Schomburg (Projektleitung), Jennifer Lorenz und Eva Raschke.

Durch die aktive Beteiligung der Hochschulen an der Planung, Durchführung und Auswertung der Absolventenbefragung ist die Zahl der Projektbeteiligten allerdings weit größer als das Projektteam am INCHER-Kassel. Deshalb sei hier der Vielzahl der Projektpartnerinnen und -partner an den beteiligten Hochschulen gedankt, die zur erfolgreichen Durchführung der Absolventenbefragung beitragen und damit eine breite Basis für kooperierende wissenschaftliche Absolventenbefragungen in Deutschland geschaffen haben.

Literatur

Heidemann, L. (2010): „Only Successful Graduates Respond to Tracer Studies: A Myth? Results from the German Cooperation Project Tracer Studies". In: Alma Laurea Working Papers No. 13, URL: http://www2.almalaurea.it/universita/pubblicazioni/wp/pdf/wp13.pdf (Abrufdatum: 20.08.2014).

Heidemann, L. (2011): Methodische Anlage und Durchführung der Absolventenbefragung 2010. INCHER-Kassel. URL: http://koab.uni-kassel.de/images/download/methoden-bericht_gesamt_jg08w1.pdf (Abrufdatum: 20.08.2014).

Heidemann, L. und Janson, K. (2009): „Gemeinsamkeit in der Vielfalt – Das Kooperationsprojekt Absolventenstudien (KOAB)". In: Kölner Zeitschrift für Wirtschaftspädagogik, 24/46, S. 63–73.

INCHER-Kassel (2014): Studienbedingungen und Berufserfolg. Kooperation deutschsprachiger Hochschulen beim Aufbau und der Durchführung entscheidungsnaher Absolventenstudien – Projekt- und Leistungsbeschreibung. URL: http://koab.uni-kassel.de/images/download/koab_2014_projekt-und_leistungsbeschreibung.pdf (Abrufdatum: 20.08.2014).

Janson, K. (2014): Absolventenstudien. Ihre Bedeutung für die Hochschulentwicklung. Eine empirische Betrachtung. Internationale Hochschulschriften, Bd. 607, Münster: Waxmann.

Krücken, G. und Meier, F. (2006): „Turning the University into an Organizational Actor". In: Drori, G.; Meyer, J. und Hwang, H. (Hg.): Globalization and Organization: World Society and Organizational Change. Oxford: Oxford University Press, S. 241–257.

Schomburg, H. (2012): „Absolventenstudien im Netzwerk. Methoden und Ergebnisse der KOAB-Absolventenbefragungen". In: Kehm, B. M.; Schomburg, H. und Teichler, U. (Hg.): Differenzierung, Internationalisierung, Relevanzsteigerung – Hochschulen im Funktionswandel. Frankfurt a. M./New York: Campus, S. 109–126.

Shavit, Y.; Arum, R. und Gamoran, A. (Hg.) (2007): Stratification in Higher Education. A Comparative Study. Stanford: Stanford University Press.

Statistisches Bundesamt (2014): Bildung und Kultur. Nichtmonetäre hochschulstatistische Kennzahlen 1980–2012. Wiesbaden: Statistisches Bundesamt, S. 132.

Trow, M. J. (1974): „Problems in the Transition from Elite to Mass Higher Education". In: OECD (Hg.): Policies for Higher Education. Paris: OECD, S. 55–101.

Ulrich Teichler

Absolventenstudien – Ansprüche und potenzielle Leistungen für Entscheidungen im Hochschulsystem

Vorbemerkung

Was die Leistungen der Hochschule im Hinblick auf die spätere Berufstätigkeit ihrer Studierenden sein können und sein sollen, ist seit etwa fünf Jahrzehnten ein Thema, das Stoff für Grundsatzdiskussionen bietet. Fast ebenso lange steht zur Diskussion, was Absolventenstudien zum Verständnis der Beziehungen von Studium und Beruf leisten können und wie sie angelegt sein sollten, um ein solches Verständnis zu vertiefen. Im Internationalen Zentrum für Hochschulforschung der Universität Kassel sind Analysen zu Hochschule und Beruf seit der Gründung im Jahre 1978 ein zentrales Thema gewesen und immer wieder wurden Innovationen in diesem Bereich angestoßen. Der ursprüngliche Name der Institution – Wissenschaftliches Zentrum für Berufs- und Hochschulforschung – unterstrich, dass diese Thematik von Beginn an ein wichtiges Thema sein sollte und wurde. Keine andere Institution in Deutschland hat so viele Bilanzen des Forschungs- und des aktuellen Diskussionsstands mit Hilfe von Tagungen und Trend-Reports angestoßen bzw. selbst erarbeitet. Das Kasseler Zentrum führte die erste Absolventenstudie in Deutschland durch, bei der die Erträge von Studienangeboten und -bedingungen verschiedener Hochschulen und Studienfächer für den Berufsweg von Absolventen verglichen wurden. Zum ersten Mal wurde bei einer großen Absolventenstudie ein longitudinales Design vorgesehen, das heißt eine wiederholte Befragung von Hochschulabsolventen zu verschiedenen Phasen vom Studienabschluss bis etwa zehn Jahre später. Das Kasseler Zentrum brachte die erste größere international vergleichende Absolventenstudie auf den Weg und bot mehr als andere Institutionen durch Publikationen und Handbücher Beratungshilfen für die Etablierung von Absolventenstudien in Entwicklungs- und Schwellenländern. Und es stellte schließlich die Grundlagen dafür bereit, dass erstmals ein Netzwerk einer großen Zahl von Hochschulen entstand, die gemeinsam Absolventenstudien durchführen, um vom Vergleich mit anderen Hochschulen zu profitieren und zugleich eigene Akzente in den Erhebungen entsprechend dem besonderen Profil setzen zu können.

Die Frage, was Befragungen von Absolventinnen und Absolventen für die Hochschulen leisten können, ist zugleich ein „altes Thema", so dass sich ein Rückblick auf Erfahrungen lohnt, um zu verstehen, wie Absolventenstudien heute angelegt sind und wie ihre Ergebnisse aufgenommen werden. Es ist aber auch ein „neues Thema", weil immer wieder veränderte Ansprüche zu bewältigen sind. Deswegen sollen die folgenden Überlegungen zugleich dreierlei leisten: Rückblick, Bestandsaufnahme und Ausblick.

1   Das Interesse an der beruflichen Situation von Absolventinnen und Absolventen

Etwa seit dem Beginn des 21. Jahrhunderts haben Fragen nach der beruflichen Situation von Hochschulabsolventinnen und -absolventen einen *sehr hohen Stellenwert* in den anregenden und zuweilen auch aufgeregten öffentlichen *Diskussionen über die gegenwärtige Lage und die Zukunftsperspektiven der Hochschulen.* Um nur ein paar Beispiele zu nennen: Immer wieder bricht die Diskussion auf, ob wir zu viele oder zu wenige Absolventen haben: Ob eine „Akademikerschwemme" drohe oder Deutschland auf dem Wege zur „Wissensgesellschaft" angesichts einer relativ geringen Absolventenquote zurückliege; dies ist auch gerade in Folge der zuletzt stark gewachsenen Studienanfängerquote ein Thema, das große Aufmerksamkeit auf sich zieht. Sowohl mit Blick auf soziale Gerechtigkeit als auch mit Blick auf die Suche nach Talenten wird oft die Frage aufgeworfen, ob unter den Absolventen Personen mit privilegierter Herkunft zu stark vertreten seien. Begriffe wie „Wissensgesellschaft" oder „Wissensökonomie" haben auch Konjunktur, wenn es darum geht, wie stark die Studienangebote und -bedingungen auf den beruflichen Erfolg ausgerichtet sein sollten: „Employability" ist das Schlagwort, das am stärksten instrumentelle Signale in diesem Rahmen sendet. Mit der Einführung gestufter Studiengänge und -abschlüsse im Rahmen des Bologna-Prozesses wird insbesondere diskutiert, was aus den Bachelor-Absolventen von Universitäten werden kann. Forderungen nach neuen Akzenten im Studium sind oft mit Überlegungen zur späteren Berufstätigkeit verbunden: etwa die gewachsene Betonung von sogenannten „Schlüsselqualifikationen" und eine stärkere Ausrichtung von Studienangeboten und Prüfungen an der Entwicklung und Messung von zu erreichenden „Kompetenzen". Je stärker die einzelnen Hochschulen ihre Erfolge zu sichern und sich strategisch zu profilieren suchen, desto mehr wird dem Verbleib ihrer Absolventen als Erfolgskriterium Aufmerksamkeit geschenkt. Im Rahmen des neu eingeführten Akkreditierungssystems drängen sich die Prüfung und der Nachweis auf, was aus den Absolventinnen und Absolventen der einzelnen Studiengänge geworden ist. Es geht nicht nur um Information und Kontakthaltung, sondern auch ein neidischer Blick auf die Spendenfreudigkeit in den USA hat das Interesse an den „Alumni" der eigenen Hochschule gestärkt. Schließlich wird immer wieder gefragt, was die Hochschulen tun können und sollen, um ihre Absolventinnen und Absolventen bei ihrer Berufswahl zu beraten und ihnen den Übergang in den Beruf zu erleichtern.

Die Thematik ist alles andere als neu. *Bereits Anfang der 1960er Jahre* wurde mit Blick auf die sich international verbreitende bildungsökonomische Diskussion die deutsche bildungspolitische Landschaft durch die These aufgeschreckt, dass die Bundesrepublik Deutschland auf den Stand eines Entwicklungslands zurückfallen könnte, wenn die Anteile der Abiturienten und Hochschulabsolventen an den entsprechenden Altersjahrgängen nicht dramatisch stiege. In der kontroversen Diskussion fand die Vorstellung, dass durch eine schnelle Hochschulexpansion ein „akademisches Proletariat" drohe, mehr Anhänger. Die Diskurse über die Folgen der Expansion verbanden sich damals sehr schnell mit der Frage nach der Chancengleichheit: Könne und müsse etwas getan werden, damit das katholische Mädchen aus einer Arbeiterfamilie auf dem Lande größere Chancen auf Studien- und Berufserfolg hat?

In den 1970er Jahren wurde „Verdrängungswettbewerb" das Schlagwort, mit dem die Sorge über eine zu starke Hochschulexpansion erläutert wurde: Immer mehr Absolventinnen und Absolventen müssten Positionen übernehmen, bei der ihre hohen Qualifikationen nicht zur Geltung kämen, und obendrein nähmen sie denjenigen die Arbeitsplätze weg, für die diese adäquat ausgebildet seien. Darüber hinaus wurde der um 1970 geplante Hochschulausbau als nicht mehr finanzierbar eingeschätzt. Beschränkungen im Hochschulzugang – „Numerus clausus" – in ausgewählten Fächern wurde für akzeptabel erklärt, wenn die Belastung für die öffentliche Hand zu groß würde und wenn die zu erwartenden Absolventenzahlen eindeutig dem erkennbaren Bedarf widersprächen. In dieser Zeit nahmen Bedarfsprognosen und Arbeitgeberbefragungen zu, und einzelne Absolventenstudien wurden durchgeführt. Dies ebbte ab, nachdem die größten Katastrophenszenarien nicht eintrafen und als deutlich wurde, dass ein Zuviel oder ein Zuwenig nicht leicht eindeutig zu beweisen war.

In den 1980er Jahren wurden die Diskussionen zur beruflichen Situation der Absolventen etwas leiser, aber die Aufmerksamkeit für die Frage wuchs, ob die Absolventinnen und Absolventen bestimmter Studiengänge und bestimmter Hochschulen im Beruf erfolgreich waren. Das hatte zur Folge, dass allgemein das Interesse an genauerer Information über die Studienwege, die Orientierungen der Studierende, ihre Einschätzung ihrer Studiensituation und ihren Berufsstart wuchs – eine Entwicklung, die auch die seit Ende der 1970er Jahre beginnenden und schließlich in den 1990er Jahren stark ausgebauten Hochschul-„Rankings" beflügelte.

Das Interesse, was aus den Absolventinnen und Absolventen der einzelnen Studiengänge und Hochschulen wird, gewann *in den 1990er Jahren* weiter an Gewicht, als die einzelnen Hochschulen stärker als zuvor Freiheiten zur hochschulpolitischen Gestaltung erhielten und die Rolle des Hochschulmanagements gestärkt wurde. Mit Beginn des 21. Jahrhunderts schließlich wuchs, wie bereits ausgeführt, die Aufmerksamkeit für die Thematik insgesamt und die Vielzahl ihrer Facetten. Dazu trug nicht zuletzt bei, dass mehr Aufmerksamkeit auf den Grad der Differenziertheit des Hochschulwesens gerichtet wurde und auch zunehmend Maßnahmen ergriffen wurden, um die Differenzierung des Hochschulwesens voranzutreiben.

Die Diskussionen zur Beziehung von Hochschule und Beruf in der Bundesrepublik Deutschland ähnelten in vieler Hinsicht den analogen Diskussionen in anderen wirtschaftlich fortgeschrittenen Ländern mit marktwirtschaftlicher Orientierung. Denn die Bedingungen waren in vielerlei Hinsicht ähnlich, und Organisationen wie UNESCO, OECD, der Europarat und die Europäische Union trugen dazu bei, dass vergleichende Überlegungen einen wachsenden Stellenwert in der hochschulpolitischen Problemlösungssuche bekamen. Es lassen sich jedoch einige Besonderheiten für die Diskussion in der Bundesrepublik Deutschland erkennen: Erstens war, obwohl die Studienanfänger- und Absolventenquote im Ländervergleich zum jeweiligen Zeitpunkt relativ gering war, die Sorge über ein Zuviel an Absolventen recht ausgeprägt. Zweitens wurde im Vergleich zu vielen anderen marktwirtschaftlich orientierten Ländern die Verantwortung des Staates für die quantitative Entwicklung des Hochschulwesens sehr hoch angesetzt. Drittens gehört Deutschland zu den Ländern, in denen „Beruflichkeit" hoch im Kurs steht, und das kam in der Diskussion zum Verhältnis von Hochschule und Beruf implizit oder explizit zum Tragen. Viertens setzten Bemühungen um eine Stärkung der strategischen Rolle der einzelnen Hochschulen in Deutschland im internationalen Vergleich relativ spät ein; auch darum ist das große Interesse an der Frage, was aus den Studierenden der einzelnen Hochschulen und Studiengängen wird, in Deutschland eher jüngeren Datums.

2   Grundzüge der Beziehungen von Hochschule und Beruf

Ein näherer Blick auf die öffentlichen Diskussionen wie auf die wissenschaftlichen Analysen macht deutlich, dass das Interesse an der beruflichen Situation von Hochschulabsolventinnen und -absolventen *fünf große, zum Teil miteinander verbundene Themenbereiche* umfasst:

- Die *quantitativ-strukturelle Thematik* lässt sich in der Frage zusammenfassen: Haben wir zu viele oder zu wenige Absolventinnen und Absolventen? Hier geht es um die „Passung" in der Gesamtmenge von Studienabschlüssen und entsprechenden Arbeitsplätzen sowie um die Entsprechung von Studienfächern und Berufsbereichen. Dabei kann, wie später noch zu zeigen sein wird, eine eindeutige Passung für wünschenswert und eine große Flexibilität für normal gehalten werden, oder Diskrepanzen mögen sich sogar als kreativ erweisen. Hochschulpolitisch steht zur Debatte, ob eine Bedarfslenkung gewünscht, eine Markt-„Abstimmung" für wahrscheinlich gehalten wird, angebotsbedingte Veränderungen der beruflichen Situation für normal gehalten werden, pro-aktive Strategien an den Hochschulen zur Veränderung des Beschäftigungssystems eingeschlagen oder andere Lösungen präferiert werden.

- Die *Selektions-Thematik* wird zum einen mit der Frage angesprochen, wieweit der berufliche Erfolg von Absolventinnen und Absolventen meritokratisch bestimmt ist, also die mit dem Studienerfolg „besten Leute" auf die „besten Plätze" kommen, oder ob es Vorteile bzw. Nachteile nach soziobiographischer Herkunft gibt. Zum anderen geht es um die Frage, ob mit dem Übergang in das Beschäftigungssystem und dem Berufsstart der berufliche Weg weitgehend vorgezeichnet ist oder ob weitere Entscheidungen auf dem Karriereweg die mit dem Berufsstart erfolgte Selektion in vielen Fällen korrigieren. Wiederum geht es auch um die gestalterischen Fragen, ob die Hochschulen besondere Verantwortung für meritokratische Selektion, für Ausgleich von Chancen oder für andere Ziele haben sollten.

- Die *funktionale Thematik* lässt sich mit der großen übergreifenden Frage beschreiben: Wieweit soll sich das Hochschulwesen darauf ausrichten, zum beruflichen Erfolg seiner Absolventinnen und Absolventen beizutragen? Könnte man im Gegensatz zu einer solch eindeutigen Ausrichtung sogar sagen, dass das Hochschulsystem wissenschaftliche kreativer und gesellschaftlich bedeutsamer ist, wenn die Nützlichkeitsfrage im Alltag von Studienangeboten und -bedingungen überhaupt nicht aufgeworfen wird?

- Bei der *substantiell studienbezogenen Thematik* einschließlich ihres Umfeldes steht im Mittelpunkt die Frage, wie Studium und berufliche Tätigkeit in der Sache miteinander zusammenhängen. Welche Wirkungen haben Studienangebote für den späteren Weg und die spätere Tätigkeit? Was machen Modi des Lehrens und Lernens aus? Was bedeuten Erfahrungen auch über die Lehrveranstaltungen hinaus – etwa Projektstudium und Praxisphasen im Studium? Welchen Stellenwert haben Studienbedingungen im weiteren Sinne – einschließlich Bibliotheken, Labore u. a. m.? Wie nehmen die Studierenden selbst durch ihren Umgang mit der Hochschule und ihrer Umwelt auf die Erträge des Studiums Einfluss – etwa durch Wahlentscheidungen, Studienintensität, Werkarbeit und Aktivitäten neben dem Studium?

- Schließlich die *service-bezogene Thematik* mit der Frage, was die Hochschule jenseits des Kerns von Lehren und Lernen für den späteren Berufseinstieg und Berufsweg tun soll und tatsächlich tut: Soll sich die Hochschule auf die Entwicklung von Kompetenzen ihrer Studierenden beschränken und alles weitere anderen Instanzen überlassen, oder soll sie eine aktive Rolle in Berufsberatung, bei der Beschäftigungssuche oder sogar in aktiver Beteiligung bei der Vermittlung spielen?

Die genannten Themen und Fragen sind hier mit Blick auf die Beziehung von Hochschule und Beruf erläutert worden. Eindeutig ist jedoch, dass die Hochschule für das Leben nach dem Studium eine breitere Wirkung hat als nur die der – mehr oder weniger intentionalen – Grundlegung für den Beruf. Das Studium wirkt sich sicherlich auch darauf aus, wie die Studierenden später verschiedene Lebensrollen wahrnehmen: Als Staatsbürger, Konsumenten, Erzieher, Gestalter des kulturellen Lebens u.a.m. Der Zusammenhang von Studium und Beruf wird allerdings gewöhnlich am stärksten betont, weil unsere Gesellschaft als eine „Berufsgesellschaft" wahrgenommen wird, in der gesellschaftliche und kulturelle Teilnahme und Teilhabe weitgehend durch die berufliche Situation und die berufliche Stellung geprägt wird.

3 Relevanz der Beziehungen von Studium und Beruf für verschiedene Handlungsbereiche der Hochschulen

Die Frage der Beziehung von Studium und Beruf war immer ein wichtiges Thema, wenn es *um Fragen der Gestaltung der Studienangebote und verschiedene weitere curriculare Aspekte* ging. Welches Wissen erwerben die Studierenden? Welche Kompetenzen werden im Studium direkt oder indirekt gefördert? Welchen Einfluss hat das auf den späteren Berufs- und Lebensweg und die Tätigkeit im Beruf und anderen Lebensbereichen? Nicht kontrovers war und ist dabei, dass Studienangebote und -bedingungen sowie der Umgang der Studierenden mit ihnen Wirkungen auf den Beruf und andere spätere Aktivitätsbereiche haben. Kontrovers war und ist lediglich, ob die Hochschulen bewusst auf die zu erwartenden Wirkungen eingehen sollten oder nicht, und wenn ja, in welchem Maße von „Anpassung oder Widerstand".

Dabei haben sich die Themen im Laufe der Zeit verschoben. In verschiedenen Expertisen ist hervorgehoben worden, dass die Bedeutung von „Bildungsmeritokratie" zugenommen hat, das heißt eine stärkere Prägung der Berufs- und Sozialchancen durch die Vorbildung. Umgekehrt ist mit der Hochschulexpansion die Chance gesunken, durch ein Studium eine sozial exklusive Berufsposition zu erreichen. Die Begriffe „Wissensgesellschaft" und „Wissensökonomie" signalisieren, dass systematisches Wissen immer bedeutsamer für ökonomisches Wachstum und gesellschaftliche Wohlfahrt wird. „Employability" lenkt unter anderem die Aufmerksamkeit darauf, dass sich sehr vielfältige Elemente von Studienbedingungen und -angeboten auf Berufsweg und -tätigkeit auswirken. „Schlüsselqualifikationen" und „Kompetenzen" sind Chiffren dafür, dass sehr viele Elemente von Befähigungen – über das Beherrschen wissenschaftlicher Theorien, Methoden und Stoffe hinaus – beruflich relevant sein können. Die Diskussion über die Differenzierung des Hochschulwesens unterstreicht schließlich, dass möglicherweise kleine Unterschiede auf Hochschulseite große Wirkungen im Beruf haben können. Das Thema ist ein „Dauerbrenner", aber es wird immer komplexer gesehen.

Seit einigen Jahren hat die wachsende Aufmerksamkeit für die Beziehungen von Studium und Beruf auch systemsteuerungsbezogene Anlässe. Das Interesse an derartigen Themen ist gewachsen, weil sich das System der „Steuerung", „Governance" – oder wie immer bezeichnet – verändert hat:

- *Die einzelnen Hochschulen und ihre Subeinheiten* können sich stärker als zuvor als strategische Akteure verstehen, die einen großen Freiraum zur Gestaltung – so in Größenordnungen und Charakteristika der Studiengänge – haben und auch für die Gestaltung verantwortlich sind.
- Die Hochschulen sind durch eine *wachsende Evaluationskultur*, eine Vielfalt von Mechanismen von Evaluation und Akkreditierung sowie eine wachsende Verknüpfung von „Output" und Finanzierung stärker daran interessiert, deutliche Evidenz über die Wirkung ihres Handelns zu gewinnen.
- Konkret haben die Ansprüche im Akkreditierungssystem Wirkung gezeigt, dass bei der *Re-Akkreditierung* von Studiengängen *Auskunft über die beruflichen Wirkungen der Studiengänge* erteilt werden soll.

Darüber hinaus ist auch die Aufmerksamkeit der Hochschulen für die Beziehung von Studium und Beruf gestiegen, weil die Hochschulen mehr Dienstleistungsfunktionen für die Studierenden übernehmen. Ausgebaut wurden Beratungen zur Gestaltung des Studiums, Beratung und Hilfen zur Bewältigung des Studiums, Beratung und Unterstützung bei der Entscheidung für ein temporäres Studium im Ausland sowie Beratung und Unterstützung bei der Berufswahl und Beschäftigungssuche, Kontakthaltung und Information mit den „Alumnae" und „Alumni".

Hochschulen sind immer differenziertere Institutionen geworden, die auf vielfache Weise auf die Studienangebote und -bedingungen und auf die Studierenden Einfluss nehmen. Daher sind Informationen zu Berufsweg und Tätigkeit von Hochschulabsolventinnen und -absolventen *für viele Aktionsbereiche der Hochschulen wertvoll* (vgl. Alberding und Janson 2007), so insbesondere:

- Hochschulentwicklungsplanung und die damit verbundene Finanz- und Personalpolitik, insbesondere im Hinblick auf die Etablierung, Fortführung und Größenordnung von Studiengängen,
- die curriculare Entwicklung der einzelnen Studiengänge,
- Studienberatung,
- weitere Services für die Studiengestaltung (z. B. Akademische Auslandsämter),
- Evaluation und Qualitätssicherung,
- Services für die Studienbedingungen (z.T. durch das Studentenwerk geboten),
- Career-Service,
- Alumni-Service,

- Qualifizierung von Wissenschaftlerinnen und Wissenschaftlern (z. B. Hochschuldidaktik).

Mancherlei Information zu den Beziehungen von Studium und Beruf mag für alle diese Aktivitätsbereiche von Bedeutung sein. Erkennbar ist jedoch, dass es für jeden Bereich spezifische Informationsbedürfnisse gibt. Eindeutig ist, dass im Laufe der Jahre das Gesamtspektrum der Elemente der Beziehungen von Studium und Beruf, das für die Aktivitäten der Hochschule bedeutsam ist, immer mehr gewachsen und immer komplexer geworden ist.

Als Fazit im Hinblick auf das Interesse an Information über die Berufssituation und -tätigkeit von Absolventinnen und Absolventen lässt sich also feststellen:

- Da sich die Hochschulen stärker als gestaltende Akteure verstehen, wollen sie mehr Information über die Wirkung ihres Handelns.
- Weil das Hochschulsystem im Zuge der Hochschulexpansion differenzierter geworden ist, wird mehr Information zum Beruf in Bezug auf einzelne Hochschulen und Studiengänge nötig.
- Da Hochschulen in vielerlei Hinsicht auf die Beziehungen von Studium und Beruf einwirken können, wird von Absolventenstudien auch erwartet, dass sie ein entsprechend breit gefächertes Bild von Rückmeldungen bieten (für die Gestaltung der Studienangebote und -bedingungen, Beratung, Career services usw.).
- Weil die Hochschulen nach Gründen für Probleme und potenziellen Wirkungen von Maßnahmen suchen, reichen ihnen Informationen über den beruflichen Verbleib von Absolventinnen und Absolventen nicht. Sie brauchen Informationen, die Anhaltspunkte für das Verständnis der Wirkungen von studienbezogenen Maßnahmen für die spätere Tätigkeit von Absolventinnen und Absolventen bieten.

Natürlich geht es nicht einfach um Information. Erforderlich ist, wie im Weiteren noch zu erläutern sein wird, sehr komplexe Information. Darüber hinaus bleibt die Verarbeitung solcher Informationen eine anspruchsvolle Aufgabe: Man muss sich der Potenziale und Grenzen von Information bewusst sein; es müssen Wege erarbeitet werden, aus solchen Informationen plausible Schlüsse für die Gestaltung in den Hochschulen zu ziehen.

4   Absolventenstudien – eine vielgenutzte Informationsquelle

Schriftliche Befragungen von Hochschulabsolventinnen und -absolventen – zumeist vereinfacht Absolventenstudien genannt – sind eine besonders häufig gewählte Methode, um ein Bild über die Berufssituation und den Berufsweg von ehemaligen Studierenden zu gewinnen. Natürlich gibt es eine Fülle von anderen Quellen, so zum Beispiel:

- Arbeitsmarkstatistiken,
- Bedarfsprognosen auf der Basis von Arbeitsmarkt- und Bildungsstatistiken,
- Stellenannoncen,
- Arbeitsplatzbeobachtungen und andere Arbeitsplatz- und Arbeitsanalysen,
- Berichte zu einzelnen Berufen und Studiengängen durch die Arbeitsagentur und andere Experteneinschätzungen,
- Arbeitgeberbefragungen (z. B. Befragungen der Leiter von Personalabteilungen),
- Experteneinschätzungen seitens erfahrener Hochschulangehöriger,
- Interviews mit ausgewählten Hochschulabsolventinnen und -absolventen und anderes mehr.

Alle Quellen und Erhebungen haben ihre jeweiligen Stärken und Schwächen. Vieles, was scheinbar objektive Information ist, mag von den Beobachtern und Betroffenen anders und dabei möglicherweise auch verzerrt wahrgenommen werden. Vor allem ist zu bedenken, dass alle potenziellen Informanten meistens nur eine Expertise für eine einzelne Facette haben, nicht aber für das gesamte Spektrum der Zusammenhänge von Beruf, Arbeitsanforderungen, Person, Befähigungen, Wissensgebieten an der Hochschulen sowie Lehr- und Lernprozessen.

Absolventenstudien haben sich als meistgenutzte Quelle in diesem Bereich durchgesetzt. Sie sind ein relativ flexibel einsetzbares Instrument mit der Möglichkeit, ein breites thematisches Spektrum abzudecken und Zusammenhänge zwischen verschiedenen Faktoren zu prüfen. Allerdings sind auch bei der Analyse der Ergebnisse typische Schwächen zu bedenken: So vor allem, dass die Antwortenden – angesichts der freiwilligen und dadurch unvollständigen Beteiligung – für die „Population", d. h. die gesamte Zielgruppe der Analyse, nicht ausreichend repräsentativ sein mögen und dass manche Befunde durch die besonderen Perspektiven von ehemaligen Studierenden und Absolventen begrenzt oder verzerrt sein können.

5   Der Start: Ausschließlich Erhebung von ausgewählten Strukturdaten und Diskussion der Passung von Studium und Beruf

Als sich die Diskussion über das mögliche Zuwenig oder Zuviel an Hochschulabsolventinnen und -absolventen vor etwa fünf Jahrzehnten zu verbreiten begann, waren die ersten Informationssammlungen ganz auf Fragen der strukturellen Beziehung von Hochschule und Beruf konzentriert. Nur wenige Daten zur Be-

rufssituation einerseits und zu Biographie und Studium andererseits wurden
berücksichtigt.

Bei der *Berufssituation* konzentrierte sich das Interesse auf nur sehr wenige
Variablen, so vor allem:

- den Beschäftigungsstatus (erwerbstätig, arbeitslos, weiterlernend usw.),
- die berufliche Kategorie (z. B. Ingenieur, ggf. aber auch Arbeiter) und
- möglicherweise auch das Einkommen.

Zu *Biographie und Studium* wurden in der Regel – wenn überhaupt – berücksichtigt:

- Formelle Elemente der Differenzierung des Hochschulwesens, wie Art der
  Abschlüsse bzw. Hochschultypen,
- Studienfächer bzw. Studienfachrichtungsgruppen sowie
- das Geschlecht der Absolventinnen und Absolventen.

Die Information wurde in der Regel durch flächendeckende Befragungen gewonnen, deren Ergebnisse in manchen Fällen in die amtliche Statistik eingingen.
So wurde *bereits in den 1950er Jahren in Japan* der Beschäftigungsstatus und die
berufliche Kategorie einen Monat nach dem Beginn des nach dem Studienabschluss liegenden Studienjahres in den amtlichen Bildungsstatistiken ausgewie-
sen – aufgegliedert nach Art der Hochschule und des Studienabschlusses und
dabei untergliedert nach Fachrichtungsgruppe des Studienabschlusses und nach
Geschlecht. In Großbritannien erfolgt ebenfalls seit den 1950er Jahren eine regelmäßige Erhebung bei allen Absolventinnen und Absolventen sechs Monate
nach dem Studienabschluss. Die Daten sind ebenso gegliedert wie in Japan,
wobei auch Untergliederungen nach den einzelnen Hochschulen vorgenommen
werden können.

Analysen auf der Basis solcher Informationen sind dann wirklich aufschluss-
reich, wenn den Analysen das *Weltbild einer wünschenswerten klaren „Passung"*
(„matching") bzw. die Vorstellung einer klaren Dichotomie von „Passung"
(„match") und „Nicht-Passung" („mismatch") zugrunde liegt. Eine Passung kann

- *vertikal* verstanden werden: D.h. die Zahl der neuen „Akademiker" entspricht
  der Zahl der zu besetzenden „Akademiker-Positionen"; bei einer Expansion
  der Absolventenzahlen über dieses Maß hinaus ergeben sich eine „Akademikerschwemme", „Überqualifikation", „Unterbeschäftigung" oder möglicherweise sogar ein „akademisches Proletariat";
- *horizontal* verstanden werden: D.h. die Zahl der Absolventen der jeweiligen
  Studienfachrichtungen entspricht der Zahl der zu besetzenden Positionen

in bestimmten Berufskategorien; andernfalls sind eine „Fehlqualifizierung" oder „Fehlallokation" zu diagnostizieren.

Die anfängliche Datenlage entsprach einem solchen dichotomen Weltbild, denn sie bot nicht viel für differenziertere Betrachtungsweisen. Inzwischen, nachdem die Datenlage differenzierter geworden ist, wie noch ausführlich angesprochen wird, wissen wir, dass das „Passungs"-Konzept realitätsfern ist.

- Aus der Fülle von neueren Absolventenstudien lässt sich schließen, dass etwa ein Viertel bis zu etwa ein Drittel der Absolventinnen und Absolventen in Berufskategorien und auf Positionen tätig ist, die nicht zweifelsfrei als typisch für Hochschulabsolventinnen und -absolventen bezeichnet werden können, bei denen sich jedoch ein Studium auf die eine oder andere Weise als wertvoll erweist.
- Kaum mehr als ein Drittel der Absolventinnen und Absolventen berichten, dass ihr Studienfach das einzige oder eindeutig das Beste für ihren beruflichen Aufgabenbereich ist. Eine so eindeutige horizontale Passung liegt meistens nur in den Fächern vor, in denen das explizit vorgeschrieben wird (z. B. in der Medizin). In den meisten dieser Fälle scheinen verschiedene Fächer zur Vorbereitung auf einen Beruf in Frage zu kommen.
- In einigen früheren Studien wurde – zur Erfassung der beruflichen Dynamik – gefragt, ob die Absolventinnen und Absolventen einen Vorgänger mit Hochschulabschluss auf ihrer jetzigen Position gehabt hätten. Das war nur in der Minderheit der Fälle zutreffend. In vielen Fällen war die Position neu eingerichtet worden, und in vielen anderen Fällen hatte der Vorgänger keinen Hochschulabschluss.

Dennoch ist bis heute die Neigung groß, ein Vokabular der Passung und der klaren Ebenen zu wählen – sei es, dass immer wieder gefragt wird, ob „Akademiker" auch „Akademiker"-Positionen übernehmen, ob wir so viele „Akademiker" haben müssen, ob vom „Taxifahrer Dr. phil." die Rede ist oder ob umgekehrt Deutschland der Untergang im globalen Wettbewerb wegen einer „geringen Akademiker-Quote" prognostiziert wird.

6 Komplexitätsgewinn mit differenziertem Blick auf Beschäftigung und Tätigkeit

Seit etwa 1970 wurden Absolventenstudien in zweierlei Hinsicht komplexer: sowohl mit Blick auf Beschäftigung und Arbeit als auch mit Blick auf die Zeit vor dem Studienabschluss, auf die Studienangebote und -bedingungen sowie den

Umgang der Studierenden mit ihrer Studiensituation. Dies kann als *Welle der Komplexitätszunahme bei Absolventenstudien* bezeichnet werden.

Ein frühes Beispiel war zu Beginn der 1970er Jahre die von Wissenschaftlern des Berliner Max-Planck-Instituts durchgeführte Politologen-Studie – also eine Befragung von Absolventen, für die es aus beruflicher Tradition heraus keinen Bedarf gibt. Am bekanntesten wurden von Studien dieser Art die Ende der 1970er Jahre begonnenen und seit dem Ende der 1980er Jahre vom Hochschul-Informations-System GmbH regelmäßig durchgeführten Absolventenstudien etwa ein Jahre nach dem Studienabschluss, die später auf verschiedene Stadien des Berufswegs ausgeweitet wurden.

Schon sehr bald wurden die ersten Absolventenstudien, die nur sehr knappe arbeitsmarktstatistische Informationen zu Hochschulabsolventinnen und -absolventen gesammelt hatten, als nicht ausreichend empfunden. Es wuchs das Interesse an differenzierter Information zu Beschäftigung und Berufstätigkeit. Anstelle von oder in Ergänzung zu flächendeckenden statistischen Erhebungen wurden zunehmend repräsentative Absolventenbefragungen durchgeführt, in denen

- der *Berufseinstieg* beschrieben wird (etwa in der Dauer der Beschäftigungssuche und dem Abstand vom Studienabschluss bis zum Berufsstart);
- *zusätzliche Informationen zur Charakterisierung der Beschäftigungssituation* erhoben wurden (z. B., ob die Beschäftigung befristet oder dauerhaft war und ob sie teilzeitig oder vollzeitig war, ob die Beschäftigung in örtlicher Nähe zur vorher besuchten Hochschule oder in anderen Regionen aufgenommen wurde);
- *differenziertere Informationen zum beruflichen Status* ermittelt werden (so zum Beispiel zur beruflichen Position oder zu Details der Einkünfte und Zusatzleistungen);
- der *Berufsweg einige Zeit verfolgt wird* (so zum Beispiel Befragungen fünf oder zehn Jahre nach dem Studienabschluss, bei denen der Berufsweg vom Studienabschluss bis zum Erhebungszeitpunkt retrospektiv ermittelt wird);
- die *Arbeitssituation und der Charakter der Arbeit detailliert* ermittelt wird (etwa unter Einbeziehung von Fragen, in welchem Maße und in welcher Weise die im Studium gewonnenen Kenntnisse und Befähigungen beruflich zum Tragen kommen);
- der *Kontext der beruflichen Situation* einbezogen wird (etwa die regionale Lage der beschäftigenden Organisation im Vergleich zum Herkunftsort und Studienort oder verschiedene Charakteristika der beschäftigenden Organisation, wie z. B. die Größe, internationale Tätigkeiten oder technologische Modernität).

Dadurch ist das Bild zu Beschäftigung und Tätigkeit von Hochschulabsolventinnen und -absolventen in Deutschland in vieler Hinsicht differenzierter und farbenreicher geworden.

Selbst wenn wir spezifisch fragen, was das gegenüber dem oben angesprochenen „Passungs"-Diskurs bedeutet, ergibt sich ein differenzierteres Bild. Mit der ergänzenden Information kann geklärt werden, inwieweit *es zwischen einer völligen „Passung"* von Studienfach und entsprechendem Akademikerberuf einerseits (etwa Medizin-Absolventen als Ärzte) *und einer völligen Nicht-Passung andererseits* (etwa die vielgenannten Taxi-Fahrer mit Hochschulabschluss) *graduelle Abstufungen* (etwa Ingenieur-Absolventen als Piloten oder als Techniker) gibt.

Da in jüngster Zeit immer wieder das Argument vorgebracht wird, dass ein universitärer Bachelor keine akzeptable Qualifikation darstelle, seien diesbezügliche Befunde der KOAB-Studie – aggregiert für alle am KOAB-Netzwerk beteiligten Hochschulen – kurz dargestellt (vgl. Schomburg 2011: 101ff.):

- Von den universitären Bachelor-Absolventen der Jahre 2007 und 2008, die über ein Jahr später berufstätig waren, lässt sich im Hinblick auf eventuelle vertikale Differenzen feststellen, dass 75 Prozent ihre berufliche Position für ganz oder weitgehend ihrem Bildungsniveau entsprechend hielten – fast ebenso viele wie die Master-Absolventen (78 Prozent) und die Absolventen der traditionellen universitären Abschlüsse (82 Prozent). Ihr Einkommen lag 20 Prozent bzw. 19 Prozent niedriger, was weitgehend den Unterschied zwischen dem gehobenen und dem höheren Dienst im öffentlichen Bereich entspricht.
- Im Hinblick auf eventuelle horizontale Differenzen ist bemerkenswert, dass nur 35 Prozent der universitären Bachelor-Absolventinnen und -absolventen nach eigenen Angaben ihre im Studium erworbenen Kompetenzen im Beruf in starkem Maße nutzten, im Gegensatz dazu 56 Prozent der Master-Absolventen und 50 Prozent der Absolventinnen und Absolventen traditioneller universitärer Abschlüsse. Hier ist zu fragen, ob die Bachelor-Absolventinnen und -absolventen auf ihre späteren Berufe weniger gut vorbereitet sind oder die Berufsvorbereitung weniger fachlich spezialisiert und deshalb weniger bewusst wird.
- Übergreifend zeigt sich, dass sich 63 Prozent der berufstätigen universitären Bachelor-Absolventinnen und -absolventen über ihre berufliche Situation weitgehend zufrieden äußerten. Der entsprechende Anteil bei den anderen war kaum höher: Jeweils 66 Prozent bei den Master-Absolventen und bei den Absolventinnen und Absolventen traditioneller universitärer Studiengänge.

Die größere Komplexität der Fragen bringt es mit sich, dass die Antworten im Hinblick auf die großen hochschulpolitischen Kontroversen zumeist nicht eindeutig „schwarz" oder „weiß" ausfallen. Die größere Komplexität der Fragen fordert auch dazu auf, sich auf eine größere Komplexität der Antworten einzustellen.

Insgesamt haben Absolventenstudien, die Beschäftigung und Beruf differenziert ermitteln, in vielerlei Hinsicht zu einem Umdenken beigetragen:

- Wie bereits erwähnt, regen sie dazu an, enge Bilder einer „Passung" von Studium und Beruf mit Verweis auf eine Vielfalt von Schattierungen in Frage zu stellen.
- Sie gehen über die früher engen Fragen zu Beschäftigung hinaus und fragen auch nach dem Bezug von Studium und Arbeit.
- Sie legen es nahe, nicht nur die vertikalen Beziehungen von Studienerfolg und Berufserfolg zu sehen, sondern verweisen auch auf die Bedeutung horizontaler Affinität von Studium und Beruf.
- Sie machen deutlich, dass es nicht allein um einen „Ablieferungserfolg" der Hochschulen an das Beschäftigungssystem geht, sondern um die Vorbereitung auf einen Berufsweg.

7 Komplexitätsgewinn mit Blick auf berufliche Orientierungen und über den Beruf hinaus

In manchen Absolventenstudien werden Fragen in der „Nachbarschaft" zu Beschäftigung und Tätigkeit aufgeworfen. Dadurch wird oft erst bewusst, dass Befragungen, die sich ganz auf den „beruflichen Erfolg" und die Beziehung von Studium und affiner beruflicher Tätigkeit konzentrieren, allzu leicht unterstellen, dass die Studierenden ihrerseits ganz an solchen Zielen orientiert seien. Dieses Bild wird durch einige weiterreichende Fragen aufgebrochen, so nach

- beruflichen Orientierungen – etwa, was den Befragten bei ihrer beruflichen Tätigkeit wichtig ist;
- Partnerschaft und Familie und
- dem Stellenwert außerberuflicher Lebensbereiche.

Dass sich nicht jeder Studierende in erster Linie als „homo oeconomicus" oder als Status-Sucher versteht, lässt sich an drei Befunden aus Befragungen von Hochschulabsolventinnen und -absolventen deutscher Hochschulen von Mitte der 1990er Jahre zeigen, die drei bis vier Jahre nach dem Studienabschluss an der ersten größeren international vergleichenden Hochschulabsolventestudie teilnahmen („Careers of University Graduates" – CHEERS). Erstens wurde, wie zu erwarten war, eine Halbtagstätigkeit am häufigsten von Frauen zugunsten von Kindern und Familie gewählt, nicht aber aufgrund von Problemen beim Stellenangebot (vgl. Einarsdottir 2007). Zweitens hob nur ein Neuntel der Befragten, die ihre Tätigkeit als nicht ihrem Ausbildungsniveau adäquat einstuften, hervor, dass sie diese Beschäftigung gewählt hätten, weil sie nichts besseres gefunden hätten. Etwa ebenso häufig wurde jeweils berichtet, die gewählte Tätigkeit sei interessant, sie verspreche langfristig gute Berufsperspektiven, und sie zeichne sich durch hohe Beschäftigungssicherheit aus, oder sie sei wegen der Präferenz für einen bestimmten Arbeitsort gewählt worden (vgl. Schomburg & Teichler 2006).

Drittens zeigte sich ein breites Spektrum beruflicher Orientierungen, das in dieser Studie in sechs Typen aufgegliedert wurde: Nur 17 Prozent wurden als eindeutig karriereorientiert eingestuft – als dominant einkommens- und status-bewusst. 10 Prozent wurden als traditionelle Professionelle, die auf interessanter Arbeit und hohe Position Wert legen, und 16 Prozent als „neue Professionelle" eingestuft, denen interessante Arbeit wichtig ist, ohne dass sie unbedingt mit einem hohen Status und hohem Einkommen rechnen. 17 Prozent sind demnach „sozial orientiert": Sie betonen sowohl die gesellschaftliche Relevanz ihrer Tä-tigkeit als auch die soziokommunikative Arbeitssituation. Weitere 23 Prozent wurden als an „Selbst-Entwicklung" Interessierte und 16 Prozent als „Nicht-Professionelle" eingestuft (vgl. Schomburg 2007: 257).

Die Ergebnisse lassen sicherlich einerseits den Schluss zu, dass Einkommen und Status weit weniger die Triebkräfte für das Handeln von Studierenden und Absolventinnen und Absolventen sind, als das früher in schlichten Absolventen-studien unterstellt worden war. Andererseits lässt sich aber nicht behaupten, dass die Mehrzahl der Absolventinnen und Absolventen eindeutig intrinsisch moti-vierte Professionelle, Freizeit- und Familienmenschen oder Weltverbesserer sind, die durch Anreize von Status und Einkommen überhaupt nicht tangiert würden. Andere Motive scheinen zu überwiegen, aber – dies legen komplexere Analysen nahe – das vorherrschende Belohnungssystem spielt häufig mit.

8 Komplexitätsgewinn mit Blick auf die Studienvoraussetzungen, die Studiensituation, die Studierenden und die Ergebnisse des Studiums

Darüber hinaus wurde es üblich, dass in Absolventenstudien zahlreiche Fragen zu den *Studienvoraussetzungen*, zu den *Studienangeboten und -bedingungen*, zu den *Einstellungen und Verhaltensweisen der Studierenden* und schließlich zu den *Ergebnissen des Studiums* gestellt werden. Fragen zu diesen Themenbereichen füllen bei manchen Absolventenstudien etwa die Hälfte des Fragebogens. Für die Hochschulen sind Informationen zu diesen Themen aus viererlei Gründen von Interesse:

- Erstens kann auf diese Weise ermittelt werden, in *welchem Maße Lernen und Kompetenzgewinn an Hochschulen durch soziobiographische Voraussetzun-*

gen vorgeprägt werden. Das verweist zum einen auf Grenzen der Wirkungen von Hochschulen; so haben viele Studien gezeigt, dass Unterschiede beim Studienabschluss nach der beruflichen Situation bzw. dem Bildungsstand der Eltern der Studierenden bereits bei Studienbeginn vorgezeichnet sind. Zum anderen kann geprüft werden, ob die Hochschulen selbst – durch Auswahl vor Studienbeginn, durch oft unbewusste Sozialisationsmilieus oder auch durch „Diversity management" – intervenierend Einfluss nehmen.

- Zweitens sind die Auskünfte ehemaliger Studierender, wie sie das Studium erlebt haben und wie Einstellungen und Verhaltensweisen für sie während des Studiums charakteristisch waren, *eine interessante Informationsquelle sui generis.* Die Hochschulen erfahren, wie die ehemaligen Studierenden die Studienangebote und -bedingungen der einzelnen Studiengänge, in größeren Bereichen der Hochschule oder auch an der Hochschule insgesamt im Rückblick wahrnehmen und bewerten. Und sie erfahren auch, wie die Studierenden – trotz oder wegen der Hochschule – ihr Leben in der Studienzeit gestalten. Dieses Feedback ist wertvoll; im Gegensatz zu Befragungen von derzeitig Studierenden mag dabei manches aus der beruflichen Situation als „nicht mehr so wichtig", als „verklärt" oder als „irrelevant" gesehen werden; trotz solcher „Verzerrungen" können Anregungen zu Veränderungen erwartet werden (vgl. Schomburg et al. 2005).

- Drittens wird der Versuch unternommen, die *Ergebnisse des Studiums* nicht allein durch das zu beschreiben, was die Zertifikate, die bei erfolgreichem Studienabschluss ausgestellt werden, belegen: die besuchte Hochschule, das Studienfach und die Leistung, wie sie sich in Noten ausdrücken lässt, und zuweilen auch weitere Informationen zum fachlichen Profil (weitere Fächer, Schwerpunkte des Studiums, Thema der Examensarbeit o.ä.) sowie eventuell die Studiendauer. Es werden auch Erfahrungen im Laufe des Studiums benannt, die als Indikatoren für Leistungen wertvoll sein können, so zum Beispiel Praxiserfahrungen und internationale Erfahrungen. Und die Absolventinnen und Absolventen werden veranlasst, ihre beim Abschluss ihres Studiums erreichten Kompetenzen zu beschreiben. Wie wichtig hier ergänzende Informationen sind, wird auch dadurch belegt, dass die Hochschulen immer häufiger ergänzend zu den offiziellen Zertifikationen „Diploma supplements" ausstellen, um ein breiteres Spektrum von Informationen zum Studium und Studienerfolg „international lesbar" zu machen.

- Viertens bieten Fragen zu Studienvoraussetzungen, zur Studiensituation und zum Verhalten während des Studiums die Gelegenheit, differenzierte Datenanalysen zu den *Einflussfaktoren auf den Studienertrag* durchzuführen (vgl. Teichler 1992). Wie bedeutsam sind zum Beispiel Stile des Lehrens und Lernens, berufliche Erfahrungen während des Studiums oder zeitlicher Aufwand im Studium für die Noten, in denen sich die Studienleistungen spiegeln, für die – selbst geschätzten – Kompetenzen beim Studienabschluss und für den späteren Berufsweg? Ein Teil der Bezüge ist in Abbildung 1 veranschaulicht.

Von diesen möglichen Leistungen eines Rückblicks innerhalb von Absolventenstudien hat zweifellos die rückblickende Charakterisierung des Studiums immer wieder das größte Interesse gewonnen. Der Hochschule oder dem Hochschulsystem insgesamt wird ein Spiegel vorgehalten – nicht unbedingt, wie die Hochschule ist, aber wie sich ihre Studierenden im Rückblick erlebt haben und bewerten. Zwei Beispiele der international vergleichenden Befragung von Personen, die Mitte der 1990er Jahre ihr Studium abgeschlossen haben, mögen dies illustrieren: Die deutschen Hochschulen sind stolz darauf, dass sie Forschung hoch bewerten und eine enge Verknüpfung von Forschung und Lehre herstellen. Aber nur 18 Prozent ihrer Absolventinnen und Absolventen konstatieren eine Betonung von Forschung in Lehre und Studium – etwas unter dem Durchschnitt von 21 Prozent in zwölf Ländern. Herausragend sind die deutschen Hochschulen nach den Aussagen ihrer ehemaligen Studierenden lediglich in der Betonung vom Erlernen von Fakten und von instrumentellem Wissen: Hier liegt der Wert von 72 Prozent weit über dem Durchschnitt der an der Studie beteiligten Länder (50 Prozent) (vgl. Schomburg und Teichler 2006: 41 ff.).

Abbildung 1   Modellskizze der Einflussgrößen auf das Studienverhalten

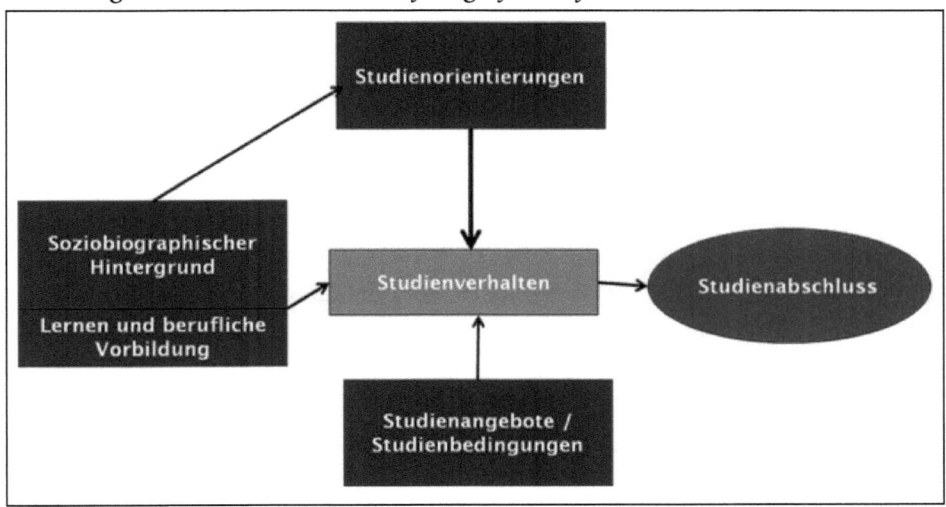

In der zweiten international vergleichenden Studie wurden die Absolventinnen und Absolventen von 2000 etwa fünf Jahre nach Studienabschluss nach ihren Erfahrungen während des Studiums befragt und um die Einschätzung ihrer Kompetenzen zum Zeitpunkt der Befragung gebeten („The Flexible Professional in the Knowledge Society" – REFLEX). Eine Analyse der Ergebnisse zeigt, dass traditionelle Methoden der Lehr- und Stofforientierung wenig, studentenzentrierte Lehr- und Lernprozesse sowie praktische Erfahrungen im Studium dagegen einen hohen Beitrag zur Entwicklung von Kompetenzen, die potenziell berufsrelevant sind, leisten. Dies ist nicht die Einschätzung der Studierenden, sondern diese Beziehung wird durch multivariate Verfahren „hinter dem Rücken der Studierenden" sichtbar, allerdings basierend auf den Einschätzungen der ehemals Studierenden, welche Lehr- und Lernstile vorherrschen und welche Kompetenzen schließlich vorhanden sind (vgl. Allen und van der Velden 2011).

Detaillierte Analysen dieser Art sind für die Hochschulen im Prinzip wertvoll, um viele Anregungen zur Gestaltung der Studiensituation zu erhalten. Aber sie sind auch ernüchternd, denn sie zeigen, welche Fülle von Faktoren wirkt und dass von einzelnen Veränderungen nicht ohne weiteres durchgreifende Wirkungen erwartet werden können. So lässt sich zeigen, dass die Studierenden an theoretischem Verständnis und praktischer Problemlösungsfähigkeit gewinnen, wenn sie Chancen haben, mit ihren Lehrenden auch außerhalb der Lehrveranstaltungen zu kommunizieren, aber diese Wirkung ist ernüchternd gering, wenn große durchgreifende Instrumente gesucht werden: Eine Verdoppelung solcher Kommunikation sichert bestimmt keinen Einkommenszuwachs um zehn Prozent. Die Autoren des wichtigsten Trendreports zur „College Impact"-Forschung in den USA, Pascarella und Terenzini (1991, 2005), haben immer wieder darauf hingewiesen, dass die Ergebnisse des Studiums weniger von dem bestimmt werden, was die Hochschulen den Studierenden anbieten, sondern mehr von dem, wie die Studierenden mit der Hochschule umgehen. Schließlich machen detaillierte Studien deutlich, dass mit den Fragebögen nur ein Bruchteil der Phänomene erfasst werden können, die für die Ergebnisse des Studiums von Bedeutung sind.

Es wäre jedoch falsch zu behaupten, dass solche Analysen nur ernüchternd sein können. Hier sei wieder ein Beispiel der „College Impact"-Forschung in den USA genannt: Sehr oft wurde nachgewiesen, dass Hochschulen, denen kein hoher wissenschaftlicher Ruhm vorauseilt und die nicht damit rechnen können, dass sich die am besten qualifizierten Schulabgängerinnen und -abgänger bewerben, oft große Erfolge zeitigen: nicht in Super-Karrieren ihrer Absolventinnen und Absolventen, aber in einem besonders hohen Maß von „value added", wenn man die Startsituation mit dem Abschluss und dem weiteren Weg vergleicht.

Es bleibt, wie später noch ausgeführt ist, die Aufgabe der Hochschulen, über das durch die Daten Beweisbare hinaus die berufliche Situation der Absolventinnen und Absolventen einzuschätzen und nach Wegen zu suchen, wie Studienangebote und -bedingungen für die Studierenden anregender werden können.

9 Differenzierungsgewinn durch Blick auf die einzelnen Hochschulen und Studiengänge

Absolventenstudien sind nicht nur, wie zuvor aufgezeigt, im Laufe von fünf Jahrzehnten wesentlich komplexer, sondern auch in der Aufgliederung der Informationen differenzierter geworden. Zu Beginn überwogen national repräsentative Studien einerseits und Studien zu einzelnen Hochschulen bzw. zu einzelnen Studienprogrammen andererseits. Bei den ersteren waren Aufgliederungen nach Fachrichtungen und Hochschularten nicht selten; auch bei Absolventenstudien für ganze Hochschulen waren Aufgliederungen nach Fachrichtungen üblich.

Eine solche Aufgliederung nach einzelnen Studiengängen und einzelnen Hochschulen ist auch dann von Interesse, wenn Informationen zur Charakterisierung des Hochschulsystems insgesamt gewonnen werden sollen. In diesem Falle kann zum Beispiel der Frage nachgegangen werden, wie stark sich in einem Land – zum Beispiel Deutschland – die Berufswege und -tätigkeiten von Absolventen eines Faches je nach der besuchten Hochschule unterscheiden: Welches Gewicht haben Differenzen in den Studienangeboten und -bedingungen je nach besuchter Hochschule für die spätere Beschäftigung und Tätigkeit? Diese Frage war seit langem von Interesse in Ländern, in denen die Differenzierung des Hochschulsystems als sehr ausgeprägt galt: So sicherlich in den USA und Japan, aber auch in einigen europäischen Ländern. In Deutschland gewann diese Frage um 1980 an Gewicht: Der Wissenschaftsrat unterstrich, dass die neuen Universitäten nicht so viele Ressourcen erhielten, wie sie alt-etablierte Universitäten akkumuliert hatten, und dass sie deshalb Schwierigkeiten haben, in der wissenschaftlichen Qualität konkurrenzfähig zu sein. Häufig wurde darüber hinaus berichtet, dass die Arbeitgeber davon Abstand nähmen, Absolventen bestimmter Universitäten einzustellen. Schließlich wurde weithin angenommen, dass mit dem wachsenden Anteil der Studierenden an den entsprechenden Jahrgängen das Qualitätsgefälle größer werden müsste und dass dies durch eine Differenzierung zwischen den Hochschulen am besten bewältigt werden könnte.

Das Kasseler Zentrum ist seit Beginn der 1980er Jahre der Frage nachgegangen, inwieweit sich in der Bundesrepublik Deutschland die Berufsaussichten je nach besuchter Hochschule tatsächlich differenziert hatten. Eine Befragung von Personalleitern zeigte, dass die besuchte Hochschule bei Entscheidungen über die Einstellung von Absolventen ein geringeres Gewicht hatte, als die damalige öffentliche Diskussion glauben machte. Positive Aussagen zu Hochschulen erfolgten in der Regel dann, wenn bestimmte fachliche Spezialisierungen passten – wenn also zum Beispiel Autofirmen Ingenieure von Universitäten einstellten, bei denen eine oder mehrere Professuren auf Fahrzeugbau spezialisiert waren; negative Aussagen erfolgten damals häufig gegenüber zwei bestimmten Universitäten, die als ausgeprägt politisch „links" galten. Bei der Kasseler Absolventen-

studie waren für drei Fachrichtungen bzw. Fachrichtungsgruppen jeweils sieben
Hochschulen ausgewählt worden, um die Differenzen in den Berufsaussichten zu
prüfen. Dabei zeigte sich, dass nur in einer der drei untersuchten Fachrichtungsgruppen Differenzen in der wissenschaftlichen Reputation zwischen den Universitäten bzw. zwischen den Fachhochschulen für die beruflichen Aussichten von
großer Bedeutung waren (vgl. Schomburg 1992).

Diese Studien der 1980er Jahre gingen also dem Ausmaß der Differenzen
in den Berufsperspektiven der Absolventen je nach besuchter Hochschule und
einzelnem Studiengang mit der Frage nach, wie groß und wie folgenreich die
Differenzierung des Hochschulsystems insgesamt sei. Es ging nicht um die Information über die einzelne Hochschule bzw. für die einzelne Hochschule.

Zu Beginn des 21. Jahrhunderts dagegen wuchs seitens der einzelnen Hochschulen das Interesse, Rückmeldungen zu erhalten, wie die Beschäftigungssituation ihrer Absolventinnen und Absolventen in den einzelnen Fächern im Vergleich
zu den Absolventen der entsprechenden Studiengänge an anderen Hochschulen
ist. Davon wurden nicht nur Anregungen zur Gestaltung von Studienangeboten
und -bedingungen erwartet, sondern, wie bereits zuvor erläutert worden ist, zu
einer Fülle von strategischen Entscheidungen und zur Ausgestaltung verschiedener Services.

Solche Informationsnachfrage können die bis dahin üblichen national reprä-
sentativen Studien nicht abdecken, weil immer nur ausgewählte Studiengänge
und ausgewählte Hochschulen einbezogen werden und weil oft von dem einzelnen Studiengang jeweils nur eine begrenzte Zahl von Absolventinnen und Absolventen befragt werden. Für die einzelnen Hochschulen erschienen nunmehr
Absolventenstudien nützlich, bei denen jeweils alle Absolventinnen und Absolventen eines Jahrgangs von möglichst allen Studiengänge an ihrer Hochschule
sowie von anderen Hochschulen, mit denen ein Vergleich angebracht erscheint,
befragt werden.

Absolventenbefragungen zur Rückmeldung für die einzelnen Hochschulen
mögen zentral angelegt sein. Bei dem italienischen AlmaLaurea-System werden
alle Studierenden des letzten Studienjahres und alle Absolventinnen und Absolventen in den folgenden Jahren jeweils mit einem einheitlichen Fragebogen angesprochen. Ebenso ist die bayerische Absolventenstudie angelegt, die regelmäßig
vom Bayerischen Staatsinstitut für Hochschulforschung und Hochschulplanung
(IHF) durchgeführt wird. Die einzelnen Hochschulen erhalten vertraulich die
Ergebnisse der Aussagen zu den einzelnen Studiengängen und zum Vergleich
(„benchmarking") die Aussagen der Absolventen aller anderen entsprechenden
Studiengänge im Aggregat.

Das seit 2008 bestehende Kooperationsprojekt Absolventenstudien (KOAB)
hat dagegen einen Netzwerk-Ansatz bzw. einen Verbund-Ansatz gewählt, der die

Vorzüge einer zentralen Lösung mit denen einer dezentralen Lösung verbindet (vgl. Schomburg 2008). Dem zentralen Ansatz entspricht, dass

- ein großer Teil der Fragen einheitlich gestellt ist und die Hochschulen die Ergebnisse zu ihren einzelnen Studiengängen sowie zu den entsprechenden Studiengängen an anderen Hochschulen im Aggregat erhalten und somit ihre eigenen Befunde vergleichend einordnen können;
- eine Instanz – in diesem Falle das Internationale Zentrum für Hochschulforschung (INCHER-Kassel) – für professionelle Standards in der Fragebogenentwicklung, für die Durchführung der Erhebung, die Auswertung der Daten sowie die langfristige Verfügung über und die Nutzung der Daten (so auch für Zeitreihen- und Longitudinalstudien) Sorge trägt;
- die zentrale Instanz sich um eine so breite Beteiligung an dem Netzwerk bemüht, dass die Daten sich auch für eine repräsentative Analyse der Berufssituation von Hochschulabsolventinnen und -absolventen im ganzen Lande eignen und dass damit für die einzelnen Hochschulen die Vergleichsgruppe der „Anderen" wirklich wertvoll ist.

Der dezentrale Ansatz

- bietet die Möglichkeit, dass für die einzelnen Hochschulen und Studiengänge besondere Fragen hinzugefügt (und dass auch gemeinsame Fragen weggelassen) werden können. Dadurch kann vertiefte Information gewonnen werden, die angesichts des jeweils besonderen Profils und der besonderen strategischen Untersuchungsziele in den einzelnen Bereichen von Bedeutung ist;
- führt operativ dazu, dass die einzelnen Hochschulen, so sie daran interessiert sind, nicht nur die Bereitsteller von Adressen und die Empfänger von aufgearbeiteten Datensätzen sind, sondern selbst an der Entwicklung ihres Fragebogens beteiligt sind, die Befragung selbst durchführen, die Datenaufnahme und Erstellung der Datensätze übernehmen sowie die Ergebnisse analysieren und innerhalb der Hochschulen disseminieren;
- kann die Qualität der Absolventenstudien und deren Nutzung in verschiedener Weise steigern: Der „Rücklauf" wird bei den Befragungen dadurch erhöht, dass ein größerer Anteil der Absolventinnen und Absolventen zur Beantwortung bereit ist, weil sie das Interesse und das Engagement ihrer Hochschule sehen. Die Interpretation der Ergebnisse kann durch die guten Kenntnisse „vor Ort" in der Qualität gesteigert werden. Schließlich zieht damit die einzelne Hochschule einzelne Experten oder sogar Expertenteams heran, die zu einer profunden Auswertung der Ergebnisse und zu der dadurch angeregten veränderten Gestaltung an der Hochschule beitragen können.

Der Mix von Dezentralität und Zentralität eines solchen Netzwerks stellt an die Koordinatoren hohe Ansprüche: Sie haben die Verantwortlichen an den einzelnen Hochschulen gut zu beraten. Sie haben zur Qualifizierung der Zuständigen an den einzelnen Hochschulen beizutragen. Zwischen der Koordination des Projekts und den Vertretern der einzelnen Hochschulen ist ein Beratungs- und Entscheidungssystem aufzubauen, dass den Erfahrungen und Interessen der beteiligten Hochschulen Raum sichert, ohne die besondere professionelle Kompetenz der Koordinatoren in Frage zu stellen. Sie haben die Daten so zu verwalten, dass die Anonymität gesichert ist. Sie müssen dafür Sorge tragen, dass Zeitreihenuntersuchungen und Longitudinalstudien realisierbar sind. Und sie haben Kompetenzen für die Interpretation der Daten so zu fördern, dass die Chancen von Absolventenstudien genutzt werden können und unrealistische Erwartungen in Grenzen gehalten werden: Es geht dabei darum, eine Interpretations- und Nutzungskultur zu fördern, die die Stärken des Instruments nutzt und mit seinen Grenzen „lebt".

10   Chancen und Probleme bei der Nutzung der Ergebnisse von Absolventenstudien

Wie bereits ausgeführt, ist das Interesse an den Hochschulen im Laufe der Zeit gewachsen und hat inzwischen ein bemerkenswertes Ausmaß erhalten, die Wirkungen der wissenschaftlichen Aktivitäten zur Kenntnis zu nehmen und daraus Schlussfolgerungen zur Verbesserung der wissenschaftlichen Aktivitäten wie ihres gesamten organisatorischen Umfelds zu ziehen. Man kann hier von einem zunehmenden „Output awareness" oder „Outcome awareness", von einer immer weiter voranschreitenden „Evaluationskultur" und einem insgesamt wachsenden Glauben an die strategischen Gestaltungsmöglichkeiten der Hochschulen sprechen. Was die Hochschulen zu der späteren Berufssituation und zu dem beruflichen Handeln ihrer Studierenden beitragen, ist dabei einer der Kernbereiche, die in diesem Rahmen zur Diskussion stehen.

Die Durchführung von Absolventenstudien und die Nutzung ihrer Erträge erweist sich allerdings keineswegs als ein „glatter" Prozess. Die Probleme beginnen mit der Durchführung der Studien an den einzelnen Hochschulen – wenn versucht wird, die oben geschilderten Vorteile eines Netzwerks von Hochschulen bei der Durchführung von Absolventenstudien zu nutzen – und mit dem Management eines solchen Netzwerkes. Die Sammlung der Adressen von Absolventinnen und Absolventen, die Ausbildung eines professionellen Personals für die Durchführung und Interpretation der Ergebnisse und die aktive Dissemination der Ergebnisse – das sind nur wenige Stichworte, die genügen, um die Größe der Anforderungen anzudeuten.

Bei Versuchen, Informationen, die mit Hilfe von Absolventenstudien gewonnen werden können, für gestalterisches Handeln an Hochschulen zu nutzen, sind inzwischen vielerlei Erfahrungen gewonnen worden.[1] Die Art, wie Hochschulen mit solchen Informationen umgehen, ist in einigen Fällen auch selbst Gegenstand wissenschaftlicher Analysen geworden (Janson 2014). Die Erfahrungen sind in mancher Hinsicht ermutigend, zeigen aber auch, dass erhebliche Probleme zu bewältigen sind. *Vier solcher Probleme auf dem Wege zu einer ambitionierten Auswertung und Interpretation der Ergebnisse von Absolventenstudien* sind unseres Erachtens vor allem zu beachten, um bei einer besseren Nutzung solcher Informationen voranzukommen: Die Ambivalenz der Evaluations- und Steuerungssysteme, die Schwierigkeiten einer institutionellen Verankerung der Expertise, die Sorge um eine nicht akzeptable Instrumentalisierung von Lehre und Studium und schließlich die Grenzen unseres Wissens trotz aller Informationsverbesserung.

Die Ambivalenz der Evaluations- und Steuerungssysteme: Bisherige Analysen zeigen, dass die Bereitschaft, Hochschulabsolventenstudien zu unterstützen und deren Ergebnisse zu nutzen, im Management der Hochschulen weitaus stärker vorangeschritten sind als unter den Lehrenden und Forschenden. Letztere schwärmen nicht allein vom Fortschreiten der Transparenz und den Chancen evaluativer Reflexion, aus Schwächen zu lernen, sondern sehen auch die kontrollierende und lenkende Funktion solcher Mechanismen, die ein unbegrenztes Postulat wissenschaftlicher Freiheit provozieren. Für viele Wissenschaftlerinnen und Wissenschaftler sind Absolventenstudien mit all der Ambivalenz behaftet, die gewachsen ist, seitdem das Vertrauen abgenommen hat, dass eine sich selbst regulierende Wissenschaft schon das Beste an Qualität und Relevanz sichert, was erwartet werden kann.

Die Schwierigkeiten einer institutionellen Verankerung der Expertise: Mit der Zunahme komplexer Prozesse der Analyse und der Gestaltung des Geschehens an Hochschulen obliegen steuernde Einsichten und Handlungen nicht mehr allein den Wissenschaftlerinnen und Wissenschaftlern an den Hochschulen und den Personen in Leitungsfunktionen, sondern es ist eine wachsende Gruppe von Experten an Hochschulen entstanden, die sich als „Hochschulprofessionelle" bezeichnen lassen: Personen, die Serviceaufgaben und Management unterstützende Aufgaben wahrnehmen und dazu einer hohen Expertise der Rahmenbedingungen von Forschung, Lehre und Studium bedürfen: Dazu gehören Studiengangkoordinatoren, Studienberater, Qualitätsmanager, International Officers u. a. m. Damit die Ergebnisse von Absolventenstudien eine positive Wirkung bei der Gestaltung von Hochschulen entfalten können, hat sich auch eine institutionelle Kultur herauszubilden, so dass diese eher machtarmen Experten integraler Teil des Diskurses von Analyse und Verbesserung werden.

---

1   Siehe hierzu auch den Beitrag von Janson in diesem Band.

Die Sorge um eine nicht akzeptable Instrumentalisierung von Lehre und Studium: Hochschulabsolventenstudien sind ein Instrument, durch verbesserte Information über die Tätigkeit nach dem Studium Anregungen zur Verbesserung von Lehre und Studium zu geben. Damit sind die grundlegenden Diskussionen über die Funktionen der Hochschule immer „auf dem Tisch", wenn es um den Wert von Absolventenstudien geht. Viele Wissenschaftlerinnen und Wissenschaftler sind davon überzeugt, dass sich die Hochschulen in Lehre und Studium vor allem an innerwissenschaftlichen Kriterien von Qualität in den Theorien, Methoden und wissenschaftlichen Stoffen orientieren sollten; große Aufmerksamkeit für die praktische Relevanz des Studiums werde eher die Qualität und letztendlich auch die tatsächliche Relevanz des Studiums gefährden. Andere Wissenschaftlerinnen und Wissenschaftler sind davon überzeugt, dass es eine legitime Erwartung der Gesellschaft ist, dass die Hochschulen so zur Qualifizierung der Studierenden beitragen, dass – nach bestem Wissen – dem gesellschaftlichen Bedarf entsprochen werden kann. Schließlich betonen andere Wissenschaftler, dass die Hochschulen in Qualität und Relevanz die besten Leistungen zeitigen können, wenn sie sich nicht den gesellschaftlich vorherrschenden Vorstellungen über vermeintliche Anforderungen des Beschäftigungssystems subordinieren, sondern zu kritischer Auseinandersetzung qualifizieren, das Innovationspotenzial ihrer Studierenden zu fördern suchen und den Hochschulen selbst die Aufgabe zuschreiben, aktiv auf die Suche nach einer „guten Gesellschaft" zu gehen, zu deren Verwirklichung sie in Forschung, Lehre und Studium beizutragen suchen. Zwischen diesen drei modellartig skizzierten Typen der Einschätzung von Absolventenstudien gibt es zweifellos eine Vielzahl unterschiedlicher Schattierungen.

Grenzen unseres Wissens trotz aller Informationsverbesserung: Nur in sehr seltenen Fällen bietet sich die Möglichkeit, aus Informationen zur Berufstätigkeit von Hochschulabsolventinnen und -absolventen unmittelbar „glatte" Schlüsse für die Gestaltung des Studiums zu ziehen. Das zeigt zum Beispiel die in jüngster Zeit intensiv geführte Diskussion über „Schlüsselqualifikationen". Absolventenstudien haben sicherlich zu der Erkenntnis beigetragen, dass Studierende mehr können sollten als wissenschaftliche Theorien, Methoden und Stoffe zu kennen, um die Potenziale von Wissenschaft in professionelles Handeln einzubringen, aber welche Kompetenzen dazu im Einzelnen erforderlich sind und in welchem Maße sie eher in enger Verknüpfung zu den Disziplinen oder disziplinübergreifend, in Verknüpfung mit wissenschaftlichem Lernen oder durch besondere Qualifizierungsangebote erworben werden, wird allenfalls bedingt mit Hilfe von Absolventenstudien gelöst. Zum einen ist zu bedenken, dass alle Akteure, die Expertenwissen zu diesen Fragen haben, dies in der Regel nur zu ausgewählten Aspekten haben: Arbeitgeber mögen Arbeitsaufgaben kennen, sind aber keine Experten in Kompetenzförderung. Wissenschaftlerinnen und Wissenschaftler kennen die Bedeutung von Disziplinen, nicht aber die Möglichkeiten und

Grenzen, diese Expertise in praktische Problemlösungsfähigkeit umzusetzen. Und Experten von Persönlichkeit, Lehren und Lernen sind weder Experten von disziplinären Kompetenzen noch von praktischen Problemlösungskompetenzen. Im Idealfall ist allenfalls zu hoffen, dass intensive Kommunikation zwischen verschiedenen Experten bei dem Versuch weiterhilft, aus Informationen zur beruflichen Tätigkeit Schlüsse zur besseren Gestaltung von Studienangeboten und -bedingungen zu ziehen. Zum anderen ist zu bedenken, dass selbst sehr gründliche Absolventenstudien mit sehr langen Fragebögen nur eine begrenzte Menge von Aspekten von Wissenschaft, Lehren und Lernen, Kompetenz und beruflichen Handeln direkt ansprechen können. Bei der Auswertung von Absolventenstudien ist deshalb auch jeweils mitzubedenken, was nicht „abgedeckt" ist.

Daher ist die Aussage, es bedürfe einer „Interpretationskultur" von Befunden aus der beruflichen Situation und beruflichen Tätigkeit von Absolventinnen und Absolventen, um aus Informationen zu Überlegungen zur Gestaltung von Lehre und Studium zu kommen, keineswegs eine Übertreibung. Es kommt darauf an, Information sachgemäß auszuwerten und immer wieder über die Grenzen der Information hinaus auf die Suche nach plausiblen Lösungen zu gehen.

Literatur

Alberding, R. und Janson, K. (Hg.) (2007): Potentiale von Absolventenstudien für die Hochschulentwicklung. Bonn: Hochschulrektorenkonferenz (Beiträge zur Hochschulpolitik, 4/2007).

Allen, J. und van der Velden, R. (2011): „The Flexible Professional in the Knowledge Society: Required Competences and the Role of Higher Education". In: Allen, J. und van der Velden, R. (Hg.): The Flexible Professional in the Knowledge Society. New Challenges for Higher Education. Dordrecht: Springer (Higher Education Dynamics, Bd. 35), S. 15–54.

Einarsdottir, T. (2007): „„On Different Tracks': The Gendered Landscape of Educational and Occupational Paths Amongst European Graduates". In: Teichler, U. (Hg.): Careers of University Graduates. Views and Experiences in Comparative Perspectives. Dordrecht: Springer (Higher Education Dynamics, Bd. 17), S. 179–194.

Holtkamp, R. und Teichler, U. (1981): „Berufsanalyse und Studienreform". In: Bodenhöfer, H.-J. (Hg.): Hochschulexpansion und Beschäftigung. Wien: Herman Böhlaus Nachf., S. 426–441.

Janson, K. (2014): Absolventenstudien. Ihre Bedeutung für die Hochschulentwicklung. Eine empirische Betrachtung. Münster: Waxmann.

Pascarella, E. T. und Terenzini, P. T. (1991): How College Affects Students. Findings and Insights from Twenty Years of Research, Volume I. Jossey-Bass: San Fransisco.

Pascarella, E. T. und Terenzini, P. T. (2005): How College Affects Students. A third decade of research, Volume II. Jossey-Bass: San Fransisco.

Schomburg, H. (1992): „Zum Stellenwert der besuchten Hochschule für den Berufserfolg vier bis fünf Jahre nach Studienabschluß". In: Teichler, U. und Buttgereit, M. (Hg.):

Hochschulabsolventen im Beruf. Ergebnisse der dritten Befragung bei Absolventen der Kasseler Verlaufsstudie. Bad Honnef: K. H. Bock Verlag (Bundesminister für Bildung und Wissenschaft: Studien zu Bildung und Wissenschaft, Bd. 102), S. 243–266.

Schomburg, H. (2007): „Work Orientation and Job Satisfaction". In: Teichler, U. (Hg.): Careers of University Graduates. Views and Experiences in Comparative Perspectives. Dordrecht: Springer (Higher Education Dynamics, Bd. 17), S. 247–264.

Schomburg, H. (2008): „Implementierung von entscheidungsnahe Absolventenstudien an Hochschulen in Deutschland". In: Hochschulrektorenkonferenz (Hg.): Aktuelle Themen der Qualitätssicherung und Qualitätsentwicklung: Systemakkreditierung – Rankings – Learning Outcomes. Bonn: Hochschulrektorenkonferenz (Beiträge zur Hochschulpolitik, 6/2008), S. 81–93.

Schomburg, H. (2011): „Bachelor Graduates in Germany: Internationally Mobile, Smooth Transition and Professional Success". In: Schomburg, H. und Teichler, U. (Hg.): Employability and Mobility of Bachelor Graduates in Europe: Key Results of the Bologna Process. Rotterdam und Taipei: Sense Publishers, S. 89–110.

Schomburg, H. und Teichler, U. (1993): „Does the Programme Matter? Approach and Major Findings of the Kassel Graduate Survey". In: Higher Education in Europe, 18. Jg., H. 2, S. 37–58.

Schomburg, H. und Teichler, U. (1998): „Studium, Studienbedingungen und Berufserfolg". In: Teichler, U.; Daniel, H.-D. und Enders, J. (Hg.): Brennpunkt Hochschule. Neuere Analysen zu Hochschule, Beruf und Gesellschaft. Frankfurt a. M./New York: Campus, S. 141–172.

Schomburg, H. und Teichler, U. (2003): „Hochschulabsolventen in Japan und Europa – zukunftsfähig und erfolgeich?". In: Schwarz, S. und Teichler, U. (Hg.): Universität auf dem Prüfstand. Frankfurt a. M./New York: Campus, S. 9–23.

Schomburg, H. und Teichler, U. (2006): Higher Education and Graduate Employment in Europe. Results of Graduate Surveys from Twelve Countries. Dordrecht: Springer (Higher Education Dynamics, Bd. 15).

Schomburg, H.; Teichler, U.; Doerry, M. und Mohr, J. (Hg.) (2001): Erfolgreich von der Uni in den Job. Regensburg/Düsseldorf/Berlin: Fit for Business.

Schomburg, H.; Teichler, U. und Winkler, H. (2005): „Steigende Erwartungen, aber keine einfach Auskunft. Potentiale der Absolventenforschung nach den Erfahrungen des Wissenschaftlichen Zentrum für Berufs- und Hochschulforschung Kassel". In Craanen, M. und Huber, L. (Hg.): Notwendige Verbindungen. Zur Verankerung und Hochschuldidaktik und Hochschulforschung. Bielefeld: UniversitätsVerlag Webler, S. 29–41.

Teichler, U. (1992): „Evaluation von Hochschulen auf der Basis von Absolventenstudien". In: Kaiser, M. und Görlitz, H. (Hg.): Bildung und Beruf im Umbruch. Nürnberg: Institut für Arbeitsmarkt- und Berufsforschung der Bundesanstalt für Arbeit (Beiträge zur Arbeitsmarkt- und Berufsforschung, Nr. 153.3), S. 212–245.

Teichler, U. (Hg.) (2007): Careers of University Graduates. Views and Experiences in Comparative Perspectives. Dordrecht: Springer (Higher Education Dynamics, Bd. 17).

Teichler, U. und Buttgereit, M. (Hg.) (1992): Hochschulabsolventen im Beruf. Ergebnisse der dritten Befragung bei Absolventen der Kasseler Verlaufsstudie. Bad Honnef: K. H.

Bock Verlag (Bundesminister für Bildung und Wissenschaft: Studien zu Bildung und Wissenschaft, Bd. 102).

Teichler, U.; Schomburg, H. und Winkler, H. (1992): Studium und Berufsweg von Hochschulabsolventen. Ergebnis einer Langzeitstudie. Bonn: Bundesminister für Bildung und Wissenschaft (Bildung – Wissenschaft – Aktuell, H. 18/92).

Teichler, U. u a. (1987): Hochschule – Studium – Berufsvorstellungen. Eine empirische Untersuchung zur Vielfalt der Hochschulen und deren Auswirkungen. Bad Honnef: K. H. Bock Verlag (Bundesminister für Bildung und Wissenschaft: Studien zu Bildung und Wissenschaft, Bd. 50).

Teichler, U. und Winkler, H. (Hg.) (1990): Der Berufsstart von Hochschulabsolventen. Bad Honnef: K. H. Bock Verlag (Bundesminister für Bildung und Wissenschaft: Studien zu Bildung und Wissenschaft, Bd. 87).

Tim Niels Plasa

Studienbedingungen in den Naturwissenschaften und der Mathematik aus der Sicht von Absolventinnen und Absolventen

Die Absolventinnen und Absolventen der MIN-Fächer (Mathematik, Informatik und Naturwissenschaften) stellen einen fundamentalen Anteil im deutschen Arbeitsmarkt dar. In den letzten 20 Jahren waren stets mehr als eine halbe Million Beschäftigte Teil dieser Gruppe. Hiervon fielen jeweils etwa ein Drittel auf die Bereiche private Servicesparten, produzierendes Gewerbe und öffentlicher Dienst inklusive dem Gesundheits- und Bildungswesen. Dies kann als Beleg dafür gesehen werden, dass der Bedarf an Absolventinnen und Absolventen der Mathematik und Naturwissenschaften kontinuierlich vorhanden ist und das Beschäftigungsfeld für diese Gruppe vielfältig ist. Das mathematisch-naturwissenschaftliche Studium ist dabei bekannt für seine Vermittlung von Qualifikationen für sehr verschiedenartige Berufsfelder. So gilt nicht nur das spezifische Fachwissen als Qualifikation, sondern auch die universell einsetzbaren Schlüsselqualifikationen. Die Vermittlung dieser Qualifikationen ist ein zentraler Bestandteil der Lehre von Hochschulen. Dabei sind die Hochschulen vor die schwierige Aufgabe gestellt, sich auf die dynamisch verändernden Arbeitsbedingungen und die sich entwickelnden Bedürfnisse der Studierenden einzustellen. Dabei sollen sie nicht nur die Akkreditierung der Studiengänge, sondern auch die Verbesserung der Ausbildung als Ziel erfüllen. Mit Blick auf diese schwierige, aber wichtige Aufgabe der Hochschulen soll im Rahmen des Kooperationsprojekts Absolventenstudie (KOAB) des INCHER-Kassel die retrospektive Bewertung der Lehrqualität in den MIN-Fächern, also einer speziell selektierten Teilgruppe der gesamten KOAB-Befragung, untersucht werden. Im Fokus der folgenden Betrachtungen stehen die Rückmeldungen der Absolventinnen und Absolventen über die Lehrformen, die Studienbedingungen und den benötigten Zeitaufwand im Studium.

Im nationalen Vergleich der Studienfächer gibt es bereits einige Artikel, die über die Lehrangebote der Fächer und ihre Qualität Auskunft geben (siehe El Hage 1996; Krempkow 2007). Hier soll nun mit aktuelleren Daten des Prüfungsjahrgangs 2010 die sehr spezifische Gruppe analysiert werden.

1   Charakterisierung der Stichprobe

Der folgende Beitrag stellt Ergebnisse der Befragung von Absolventinnen und Absolventen der Naturwissenschaften, Informatik und Mathematik (MIN) dar.

Bei dieser ausgewählten Teilgruppe handelt es sich um 3.714 Befragte, die ihr Studium im Prüfungsjahr 2010 abgeschlossen haben. In diese Gruppe aufgenommen wurden alle Befragten der Fächer Biochemie, Biologie, Chemie, Mathematik, Meteorologie, Physik und Informatik (vgl. Abbildung 1). In einigen der folgenden Analysen wird zum Vergleich die Gesamtstichprobe aller Studienfächer ohne diese Gruppe gegenübergestellt, was einer Stichprobe von 25.693 Absolventinnen und Absolventen entspricht.

Abbildung 1   Verteilung der befragten Absolventinnen und Absolventen in Mathematik, Informatik & Naturwissenschaften in absoluten Zahlen (nges = 3.714)

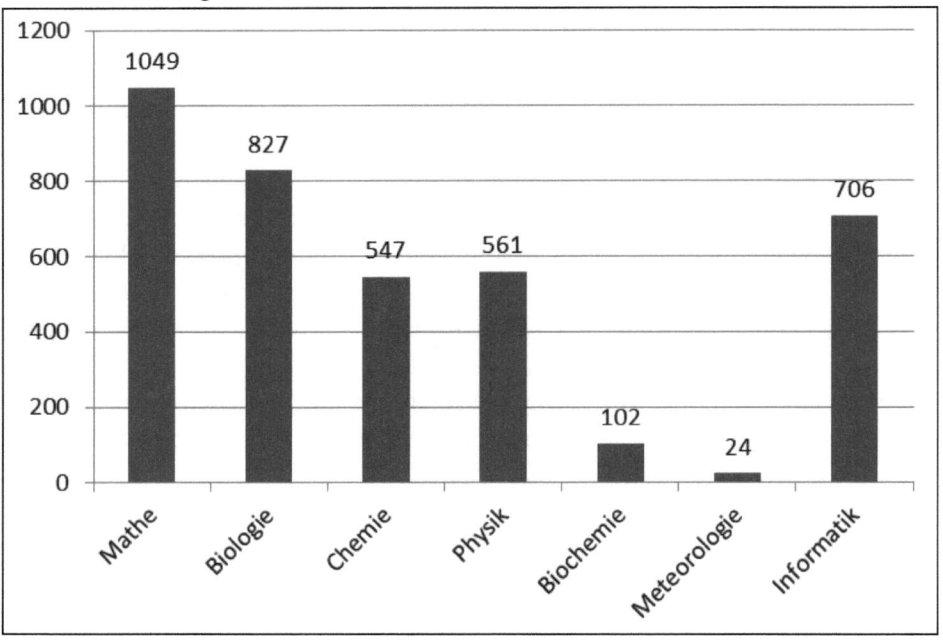

Frage: In welchem Studienfach/Studiengang haben Sie studiert? Quelle: INCHER-Kassel, KOAB-Absolventenbefragung 2012 (Jahrgang 2010).

Die Abschlussart der betrachteten Naturwissenschaftlerinnen und Naturwissenschaftler ist in Abbildung 2 zu sehen. Besonders dominant sind die Gruppen vertreten, die einen Bachelor an der Universität, ein Diplom an der Universität oder ein Staatsexamen im Lehramtsbereich abgeschlossen haben. In den Masterstudiengängen gab es im Prüfungsjahrgang 2010 wegen der sukzessiv erfolgenden Umstellung im Zuge der Bologna-Reform im Verhältnis zu den Bachelorabschlüssen noch nicht so viele Absolventinnen und Absolventen. Promovierte wurden aufgrund ihrer teilweise geringen Einbindung in den normalen Studienbetrieb der Hochschulen nicht berücksichtigt.

*Abbildung 2   Verteilung der Abschlussarten in der betrachteten Stichprobe in
Mathematik, Informatik & Naturwissenschaften (in Prozent).*

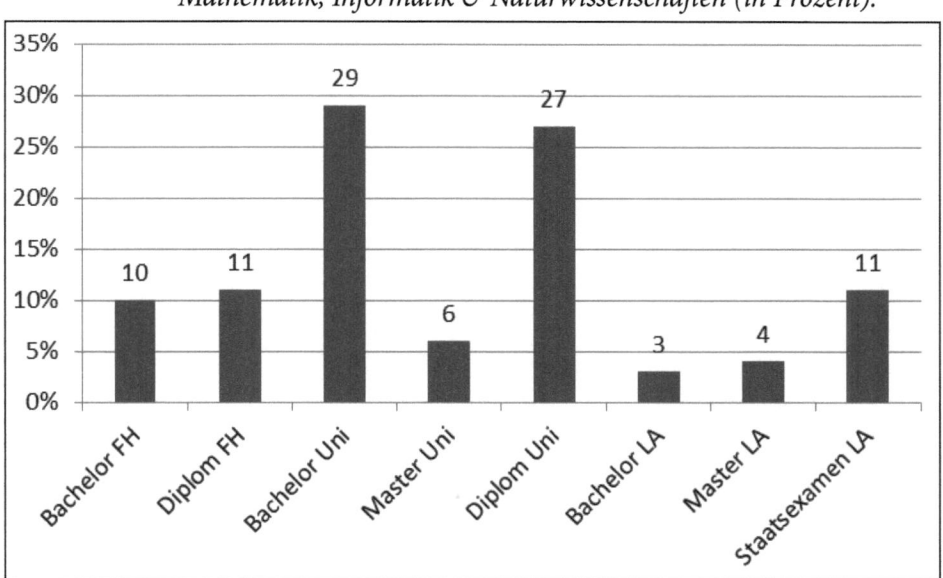

Frage: Welchen Abschluss haben Sie erreicht? Quelle: INCHER-Kassel, KOAB-Absolventenbefragung 2012 (Jahrgang 2010).

Von den befragten Naturwissenschaftlern haben 96 Prozent ihre Hochschulzugangsberechtigung in Deutschland erworben. Dabei dominiert in Universitäten das Abitur (97 Prozent) deutlich vor alternativen Arten der Studienberechtigung, während es bei Fachhochschulen eine Aufteilung zwischen Abitur (52 Prozent) und der Fachhochschulreife (48 Prozent) gibt.

Für die Abschätzung der Repräsentativität und die spätere Einordnung der Einschätzung von Studienbedingungen und Kompetenzen in den Gesamtkontext der Hochschulen ist auch die Abschlussnote der Hochschulzugangsberechtigung der Absolventinnen und Absolventen wichtig. Im Bereich der Naturwissenschaften gibt es signifikant mehr Studienanfängerinnen und -anfänger mit einer sehr guten Note (15 Prozent) als in der Gesamtstichprobe aller Absolventinnen und Absolventen des Jahrgangs 2010 (10 Prozent). Den Spitzenwert mit einer Durchschnittsnote von 1,9 haben dabei die Befragten aus der Physik. Eine Auffälligkeit in den Parametern der Phase vor dem Studium besteht des Weiteren darin, dass bei Informatikerinnen und Informatikern zu 21 Prozent und bei Elektrotechnikerinnen und Elektrotechnikern zu 32 Prozent ein beruflicher Abschluss vor dem Beginn des Studiums stand. 48 Prozent (2004 von 4167) der befragten naturwissenschaftlichen Absolventinnen und Absolventen haben noch nach der Befragung weiterstudiert. Dabei gibt es im Prinzip die Übergänge Bachelor – Master und Master/Diplom – Promotion (siehe Tabelle 1). Lehramtsabsolventinnen und -absolventen haben dagegen in geringem Maß mit einem weiteren Studium begonnen (ca. 22

Prozent). Die Übergangsquoten von Bachelor zu Master und Master zu Promotion sind in Tabelle 2 dargestellt. Es fallen die hohen Promotionsintensitäten in Biologie, Chemie und Physik, also den klassischen Naturwissenschaften, auf. Aber auch insgesamt sind die Promotionsquoten deutlich höher als in anderen Studiengängen. Dagegen sind die Übergangsquoten von Bachelor zu Master in den MIN-Fächern von 85 bis knapp 94 Prozent weniger schwankend. Die hohen Promotionsquoten in den Naturwissenschaften können also übernommene Traditionen vom Diplom aus der Zeit vor der Bachelor/Master-Umstellung sein.

Tabelle 1   Zielabschlüsse der Absolventinnen und Absolventen, die weiterstudieren, nach Abschlussart (in Prozent)

	Kein weiteres Studium	BA	MA	Dipl.	Mag.	Staatsex.	Prom.	Sonst.	Gesamt
Bachelor FH	41	0	88	12	0	0	0	0	59
Master FH	64	5	13	54	4	0	25	0	36
Diplom FH	81	0	46	36	18	0	0	0	19
Bachelor Uni	25	5	89	4	0	2	0	0	75
Master Uni	81	0	6	1	0	4	83	5	19
Diplom Uni	87	3	1	2	0	1	93	0	13
Lehramt Uni	78	9	6	6	3	14	48	14	22
Gesamt	60								40
Anzahl	2.151								1.411

Frage: Welchen Abschluss streben Sie derzeit an?
Quelle: INCHER-Kassel, KOAB-Absolventenbefragung 2012 (Jahrgang 2010).

Tabelle 2   Übergangsquoten nach Fach von Bachelor zu Master und Master zu Promotion nach Studienfach* (in Prozent)

	Biologie	Chemie	Informatik	Mathematik	Physik
Übergangsquote Bachelor/Master	85	93	84	90	94
Übergangsquote Master/Promotion	75	85	35	46	73

* Meteorologie und Biochemie werden aufgrund geringer Fallzahlen nicht dargestellt
Quelle: INCHER-Kassel, KOAB-Absolventenbefragung 2012 (Jahrgang 2010).

2 Dauer und Finanzierung des Studiums

Als ersten Punkt zur Charakterisierung der Studienbedingungen soll die Studiendauer als Rahmenbedingung angesprochen werden. Hierzu wurden die Abschlussarten getrennt untersucht. Im Bereich des Bachelors haben die Absolventinnen und Absolventen der Naturwissenschaften im Durchschnitt 6,93 Semester studiert (zum Vergleich ist der Schnitt in den anderen Fächern 6,92 Semester). Auffällig sind im Bereich der Mathematik und Informatik durchschnittlich längere Studiendauern, wobei gerade in diesen Fächern auch eine deutlich höhere Streuung zu verzeichnen ist.

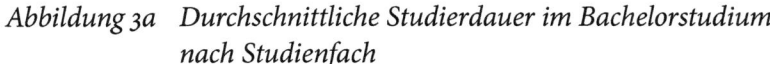

Abbildung 3a   Durchschnittliche Studierdauer im Bachelorstudium nach Studienfach

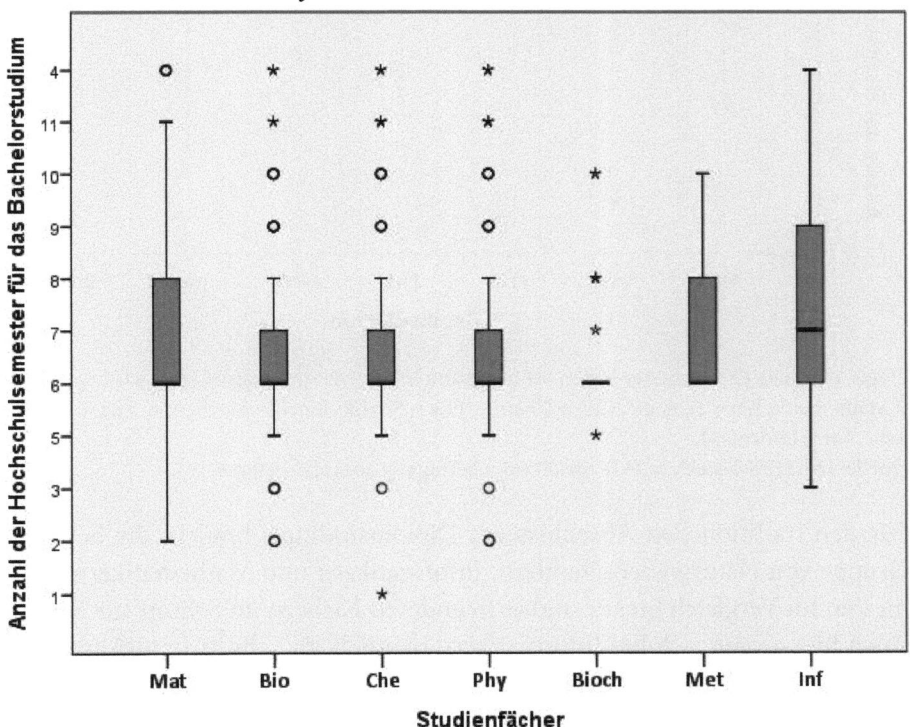

Frage: Wie viele Fachsemester haben Sie insgesamt in diesem Studiengang studiert? Legende: Mat = Mathematik; Bio = Biologie; Che = Chemie, Phy = Physik; Bioch = Biochemie; Met = Meteorologie; Inf = Informatik

Quelle: INCHER-Kassel, KOAB-Absolventenbefragung 2012 (Jahrgang 2010).

*Abbildung 3b   Durchschnittliche Studierdauer im Diplomstudium
nach Studienfach*

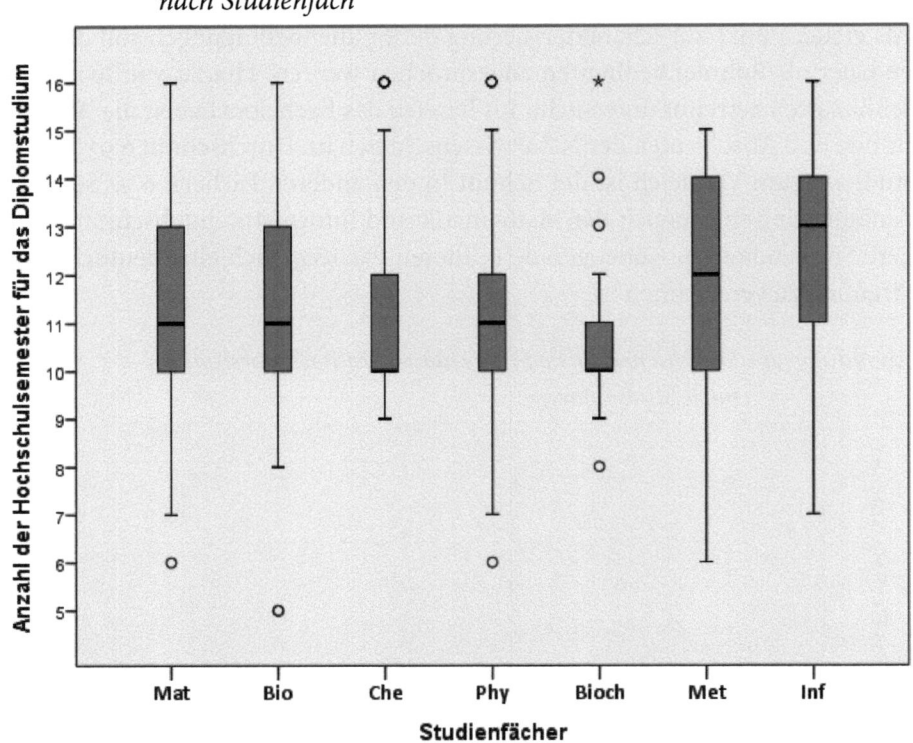

Frage: Wie viele Fachsemester haben Sie insgesamt in diesem Studiengang studiert? Legende: Mat = Mathematik; Bio = Biologie; Che = Chemie, Phy = Physik; Bioch = Biochemie; Met = Meteorologie; Inf = Informatik
Quelle: INCHER-Kassel, KOAB-Absolventenbefragung 2012 (Jahrgang 2010).

Für den traditionellen Abschluss des Diplomstudiums braucht die betrachtete Gruppe von Naturwissenschaftlern, Informatikern und Mathematikern 12,2 Semester. Im Vergleich hierzu sind es in anderen Fächern im Schnitt 11,8 Semester. Auch hier zeigen sich bei Informatikern deutlich im Schnitt signifikant längere Studierzeiten als bei den anderen untersuchten Fächern. Ein sehr schnelles Studium findet sich in der Biochemie, auch die Studiengänge Physik und Chemie besitzen im Vergleich kürzere Studiendauern.

49 Prozent der Befragten aus den MIN-Fächern haben das Studium in der Regelstudienzeit abgeschlossen. Problematisch erscheint die Lage im Fach Informatik, wo nur 23 Prozent die Regelstudienzeit eingehalten haben. Lange Studiendauern werden oft mit Finanzierungsproblemen in der Studienzeit begründet und führen unter Umständen durch ein späteres Berufseintrittsalter zu Schwierigkeiten bei der Stellensuche. Die Gründe für die Verlängerung der Studienzeit bei den Naturwissenschaften allgemein sind vielseitig. Eine Aufschlüsselung dieser Gründe findet sich in Abbildung 4. Nicht bestandene Prüfungen

(31 Prozent) oder auch hohe Anforderungen im Studium generell (25 Prozent) deuten auf einen hohen Schwierigkeitsgrad im Studium oder aber Studierende mit Leistungsschwierigkeiten hin. Erwerbstätigkeiten während des Studiums (29 Prozent) zeigten die Notwendigkeit vieler Studierender auf, sich ihr Studium selbst finanzieren zu müssen (siehe zur zeitlichen Verteilung auch Abbildung 7). Koordinationsprobleme seitens der Hochschule (25 Prozent) oder ein Mangel an Plätzen für Lehrveranstaltungen (12 Prozent) weisen aber auch auf studienorganisatorische Probleme hin. Aufgrund solcher Statistiken kann man auch nochmal die Forderungen des Wissenschaftsrats zur Sicherstellung der Studierbarkeit erwähnen (Wissenschaftsrat 2008).

Abbildung 4   Gründe für die Überschreitung der Regelstudienzeit der naturwissenschaftlichen Absolventinnen und Absolventen (in Prozent; Mehrfachnennung möglich)

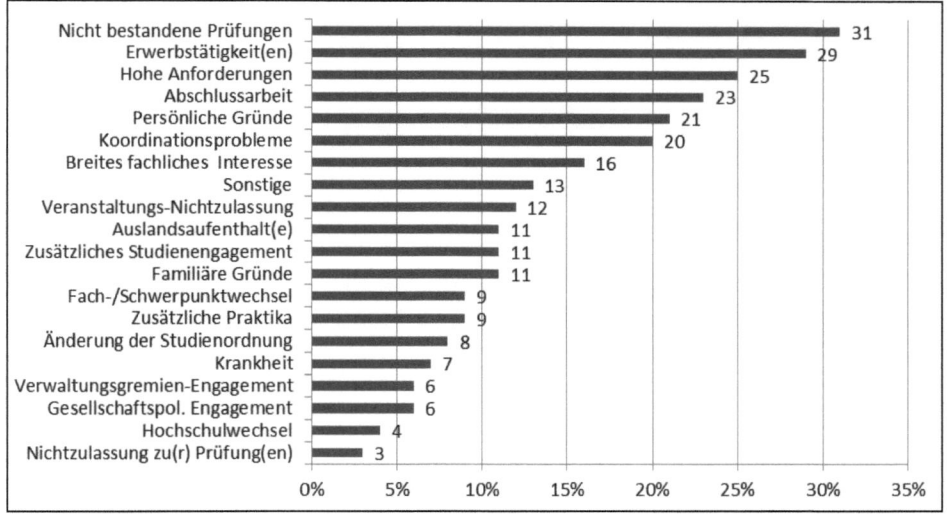

Frage: Warum haben Sie länger studiert, als in der Regelstudienzeit vorgesehen?
Quelle: INCHER-Kassel, KOAB-Absolventenbefragung 2012 (Jahrgang 2010).

Die Aufteilung der Zeitanteile für Studium und Freizeit ist bei naturwissenschaftlichen Studentinnen und Studenten relativ ähnlich. Die Arbeitsintensivität selbst wird dabei generell in den Naturwissenschaften als hoch angesehen (siehe Bargel, Ramm und Multrus 2008). Der Besuch von Lehrveranstaltungen in der Vorlesungszeit nimmt zwischen 17,7 und 23,9 Stunden in Anspruch. Einzig der Durchschnitt der Biochemiker/innen liegt mit 31,4 Stunden deutlich höher. Auffällig sind in diesem Bereich recht hohe Standardabweichungen bei den Absolventinnen und Absolventen innerhalb der Stichprobe, die auch unter Kontrolle der Abschlussarten auftreten. Dies deutet darauf hin, dass Belastungen von Hochschule zu Hochschule unterschiedlich sind und die Absolventinnen und Absolventen unterschiedlich viel Zeit in ihr Studium investieren, sei es aus motivationstheoretischen Gründen oder wegen hoher/niedriger Lernschwierigkeiten.

Die hauptsächliche Quelle der Finanzierung des Studiums sind die Eltern. Bei den Naturwissenschaftlerinnen und Naturwissenschaftlern geben 53 Prozent die Eltern als wichtigste Finanzierungsquelle für ihr Studium an. BAföG (17 Prozent) und Eigenverdienste (25 Prozent) sind die anderen beiden relevanten Nennungen (siehe auch Abbildung 5). Damit griffen die ehemaligen Studierenden der MIN-Fächer gegenüber allen befragten Absolventinnen und Absolventen insgesamt durch Verwandte und BAföG um etwa neun Prozent mehr auf eine extern geförderte Finanzierung zurück.

Abbildung 5   Wichtigste Finanzierungsquellen für das Studium (in Prozent)

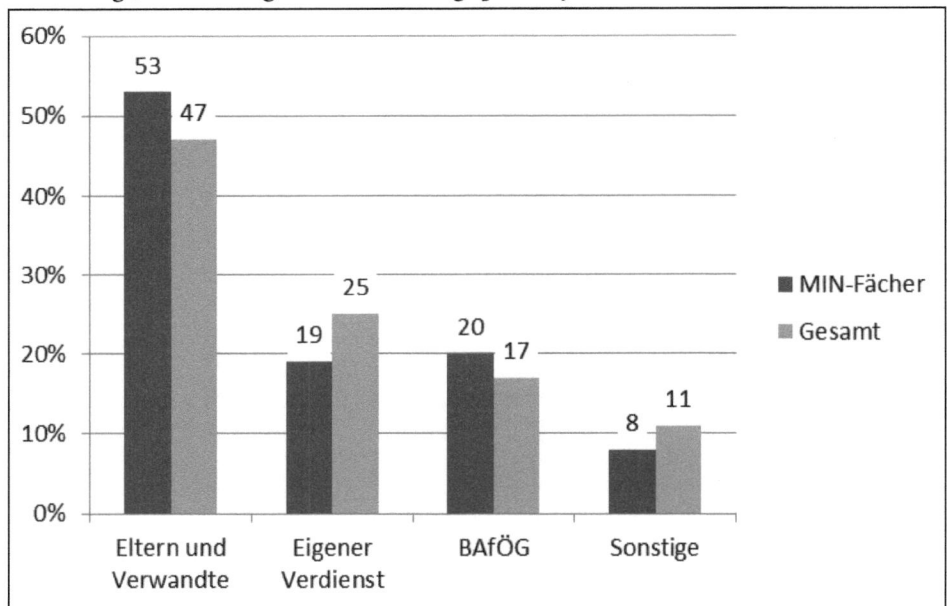

Frage: Was war die wichtigste Finanzierungsquelle in Ihrem Studium?
Quelle: INCHER-Kassel, KOAB-Absolventenbefragung 2012 (Jahrgang 2010).

In Bezug auf Eigenverdienste als Finanzierungsquelle lohnt es sich, die Erwerbstätigkeit während des Studiums in den Blick zu nehmen. Hier arbeiteten die Informatiker zu 65 Prozent zwischen sechs und mehr als 20 Stunden in der Woche und sind damit neben dem Studium besonders mit einer zusätzlichen Arbeitsbelastung versehen. Die geringsten Werte haben hier die Chemiker und Physiker, bei denen jeweils knapp 70 Prozent gar nicht oder bis zu fünf Stunden wöchentlich erwerbstätig waren. Die durchschnittliche Belastung in Studiengängen außerhalb der MIN-Fächer ist aber im Schnitt höher.

Abbildung 6   *Wöchentliche Erwerbstätigkeit während des Studiums in Stunden*
(kategorisiert; in Prozent)

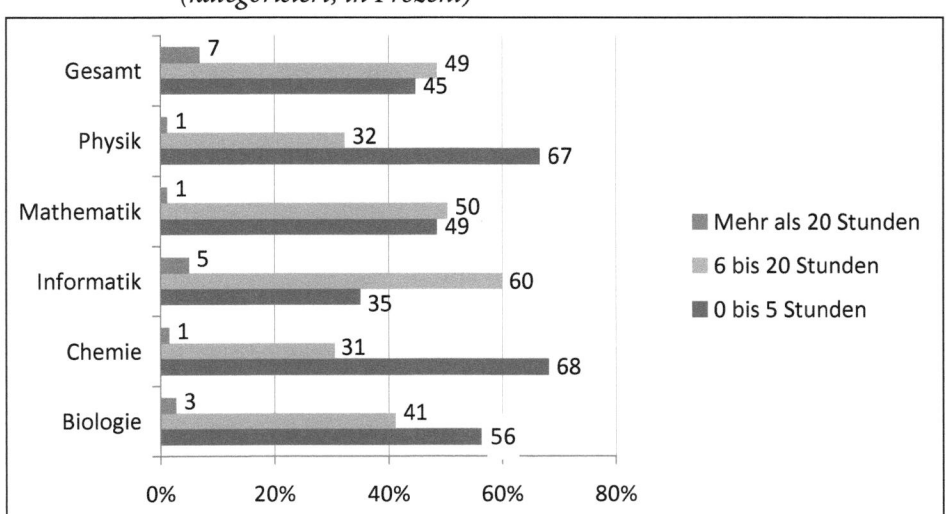

Frage: Wie viele Stunden pro Wochen haben Sie schätzungsweise im Durchschnitt für folgende
Tätigkeiten während des Studiums aufgewendet? Item: Erwerbstätigkeit (ohne Praktikum).
Quelle: INCHER-Kassel, KOAB-Absolventenbefragung 2012 (Jahrgang 2010).

3   Die Bewertung von Lehr- und Lernformen während des Studiums

Ein Blick auf die Lehrkultur und die Schwerpunkte der einzelnen Studienfächer
zeigen Unterschiede. Dies ist generell für Fachbereiche bereits in Form der Etablierung des Begriffs „Fachkultur" mit Stellungnahmen bekannt. In den Fachbereichen wurden bereits einige Kriterien identifiziert, die maßgeblich für die Be-
stimmung solcher Fachkulturen sind (siehe beispielsweise Multrus 2005), doch
auch innerhalb der Mathematik und Naturwissenschaften kann man heterogene
Strukturen konstatieren. Eine Übersicht über die Betonung unterschiedlicher
Aspekte in der Lehre während des Studiums zeigt Tabelle 3.

Tabelle 3 Betonung von Aspekten von Lehre und Lernen nach Fach (Mittelwert)

	Mat	Bio	Che	Phy	Bioch	Met	Inf	MNW	GES
Vorlesungen	1,6	1,9	1,7	1,6	1,7	1,9	1,8	1,8	2,0
Gruppenarbeit	2,8	3,1	3,1	2,5	3,0	2,5	2,4	2,8	2,8
Teilnahme an Forschungsprojekten	4,4	3,5	3,0	3,4	2,7	3,1	3,7	3,6	4,0
Praktika und Praxisphasen	3,3	2,3	1,6	2,9	1,5	3,1	3,3	2,7	3,0
Faktenwissen	2,5	1,9	1,9	2,5	1,9	2,5	2,6	2,2	2,3
Anwendungsorientiertes Wissen	3,2	2,9	2,4	2,7	2,3	2,8	2,5	2,8	2,8
Theorien und Paradigmen	2,2	2,8	2,4	1,9	2,8	2,0	2,0	2,2	2,3
Lehrende als Hauptinformationsquelle	2,6	2,8	3,0	2,8	2,8	2,5	2,9	2,8	2,7
Projekt-/problemorientiertes Lernen	3,6	3,4	3,4	3,0	3,2	3,0	2,8	3,3	3,2
Schriftliche Arbeiten	2,5	2,5	2,5	2,5	2,5	2,9	2,7	2,5	2,3
Mündliche Präsentationen von Studierenden	2,8	2,7	2,6	2,9	2,5	2,7	3,0	2,7	2,6
E-Learning	4,1	4,1	4,2	4,2	4,2	4,2	3,5	4,0	3,9
Selbststudium	2,3	2,3	2,0	1,9	2,0	2,2	2,1	2,1	2,1
Anzahl der Befragten	993	745	487	498	102	21	674	3.520	28.497

Frage: In welchem Ausmaß wurden folgende Aspekte von Lehren und Lernen in Ihrem Studium betont?; Skala: 1 (= in sehr hohem Maße) bis 5 (= gar nicht)
Legende: Mat = Mathematik, Bio = Biologie, Che = Chemie, Phy = Physik, Bioch = Biochemie, Met = Meteorologie; Inf = Informatik, ET = Elektrotechnik; MNW = Naturwissenschaften, Mathematik, Informatik, GES = Gesamte Stichprobe ohne MNW
Quelle: INCHER-Kassel, KOAB-Absolventenbefragung 2012 (Jahrgang 2010).

Darin zeigt sich beispielsweise, dass den Erfahrungen der naturwissenschaftlichen Absolventinnen und Absolventen nach im Allgemeinen besonders Vorlesungen in ihrem Studium betont wurden. In der Skala von 1 (= in sehr hohem Maße) bis 5 (= gar nicht) wurden Vorlesungen mit einem Mittelwert von 1,8 bewertet, in der gesamten Befragung war dies ein Wert von 2,0. Außerdem wurde die Betonung des Faktenwissens (Wert 2,2) und der Theorien und Paradigmen erwähnt (Wert 2,2), gleichwohl es innerhalb der Fächer größere Unterschiede gibt. Bemerkenswert ist das Abschneiden des modernen Konzepts des E-Learnings. Trotz zahlreicher Entwicklungen von Internetplattformen wie Moodle, der deutlichen Erhöhung des Angebots von Fachverlagen im Multimediabereich, einer Zunahme an Software auf dem didaktischen Sektor und der stärkeren allgemeinen Kommunikation in Form von E-Mails und Chats, wird laut den Absolventinnen und Absolventen das E-Learning in den Hochschulen kaum betont (Wert 4). Denkbar ist hier eine hohe Erwartungshaltung der Studierendenschaft, möglicherweise ist aber auch die rasante neue Einbindung multimedialer Inhalte zu Lasten ihrer pragmatischen Verwendung gegangen. Die massive Steigerung dieser Inhalte zeigt der Studierendensurvey Konstanz (siehe Tabelle 4). Obwohl dieser Studie nach die Fachhochschulen sogar mehr neue Medien in der Lehre einsetzen als die Universitäten, sind an den Fachhochschulen bei den MIN-Fächern mit 66 Prozent sogar weniger Absolventinnen und Absolventen als an den Universitäten (69 Prozent) der Meinung, dass die Inhalte neuer Medien beim Lehren und Lernen betont wurden. Hier scheint ein Nachholbedarf seitens der Hochschulen zu bestehen, da E-Learning-Module als Einheiten oder unterstützende Formate bereits vor Jahren nachgewiesenermaßen zumindest das Potenzial zu lernsteigernden Effekten besitzen (z. B. Kozma 1991). Weitere, von der Hochschule eher wenig betonte Elemente stellen die Teilnahmen an Forschungsprojekten (Wert 3,6) und das projekt-/problemorientierte Lernen (Wert 3,3) dar. Letzterer Aspekt wird vor allem für den späteren Beruf von vielen Arbeitgebern als kritischen Mangel gesehen, da selbständige Problemlösekompetenzen erwünscht sind. Erfahrungen für den Beruf kann man zum Teil auch in Praktika sammeln. Dort stellt sich in den Naturwissenschaften ein äußerst heterogenes Bild dar. Während die Bedeutung der Praktika und Praxisphasen in der Chemie von 85 Prozent und in der Biochemie von 91 Prozent der Absolventinnen und Absolventen als hoch eingestuft wird, skizzieren die Mathematiker mit 30 Prozent und die Informatiker mit 25 Prozent ein sehr konträres Bild.

Tabelle 4   Einsatz neuer Medien in der Lehre nach Studierendensurvey der
*   Universität Konstanz 1998–2007 nach Hochschultyp (in Prozent)*

	Universitäten			
	1998	2001	2004	2007
überhaupt nicht	24	11	6	4
wenig	42	38	29	23
teilweise	24	33	39	40
stark	10	18	26	33
	Fachhochschulen			
	1998	2001	2004	2007
überhaupt nicht	14	7	4	3
wenig	38	28	23	15
teilweise	30	36	37	40
stark	18	29	36	42

Quelle: Multrus, Bargel und Ramm 2008, S. 159 ff.

4   Bewertung der Studienangebote und -bedingungen

Naturwissenschaftlerinnen und Naturwissenschaftler bewerten die Studienangebote und -bedingungen insgesamt gut (siehe Tabelle 5). Am positivsten wird von
den Antwortmöglichkeiten der Kontakt zu den Mitstudierenden empfunden (88
Prozent sehr gut oder gut), am schlechtesten schneidet das Training mündlicher
Präsentationen ab. Die Unterstützung dieser Schlüsselkompetenz wird von 38
Prozent der Befragten als schlecht oder sehr schlecht bewertet, was aber im Vergleich dem Anteil der Gesamtstichprobe von Absolventinnen und Absolventen
aller Fachrichtungen (37 Prozent) ähnelt, die mit dem Training unzufrieden sind
oder das Angebot für zu gering halten. Im Bereich des Zugangs zu erforderlichen
Lehrveranstaltungen schneidet der naturwissenschaftliche Bereich besser ab als
der Querschnitt aller Fächer. Nur 13 Prozent beurteilen den Zugang zu diesen
Lehrveranstaltungen als schlecht und scheinen gravierende Probleme bei dem
Besuch einzelner Veranstaltungen gehabt zu haben. Besonders sind hier die Fächer Mathematik (20 Prozent) und Biologie (19 Prozent) durch ihre Praktikaan-
teile zu nennen. Die Gesamtlage aller Fachbereiche scheint in diesem Bereich
ähnlich zu sein, da dort 16 Prozent aller Absolventinnen und Absolventen den
Zugang als schlecht kennzeichnen.

Sehr heterogen ist die Verteilung von Bewertungen im Bereich des wissenschaftlichen Schreibens. Während die Studienangebote und Bedingungen im
Fächerquerschnitt für das Verfassen von wissenschaftlichen Texten eher positiv
bewertet werden (44 Prozent gut, 28 Prozent schlecht), ist die Verteilung bei den

naturwissenschaftlichen Absolventinnen und Absolventen noch heterogener ausgeprägt (36 Prozent gut, 29 Prozent schlecht). Damit sind also 64 Prozent der befragten Stichprobe der Ansicht, dass es quantitatives oder qualitatives Verbesserungspotenzial in den Studienangeboten für diese essentiellen wissenschaftlichen Fähigkeiten gibt. Bei dem Item zum Erwerb wissenschaftlicher Arbeitsweisen, welches allgemein deutlich positiver bewertet wurde, taucht eine solche Diskrepanz zu den Befragten anderer Fächer nicht auf. Im Zusammenhang mit wissenschaftlichen Fähigkeiten bietet sich auch ein Blick auf die Fremdsprachen an. Dort ergibt sich das Bild, dass die englische Fachkommunikation nach Meinung der Absolventinnen und Absolventen tendenziell schlecht durch die Hochschulen vorbereitet wird (Mittelwert 3,5). Auch beim Erlernen des Umgangs mit der Literatur in Englisch sieht es nicht wesentlich besser aus (3,3). Besonders negativ fällt in diesem Bereich das Fach Mathematik auf. Weitere Fremdsprachen werden noch weniger vermittelt (Werte sowohl in Fachkommunikation wie auch in Literatur 4,5). Die geringe Vermittlung weiterer Fremdsprachen überrascht nur wenig, ist doch Englisch die mit Abstand relevanteste Sprache in den MINT-Fächern. Dass diese aber auch aus Sicht der Befragten nur unzureichend vermittelt wird, kann ambivalent gesehen werden. Einerseits kann man sich auf Deutsch als weitere wissenschaftliche Sprache fokussieren, andererseits wird man so bei Absolventinnen und Absolventen Schwierigkeiten bei internationalen Konferenzen oder dem Lesen und Publizieren in einschlägigen englischen Fachzeitschriften konstatieren müssen. Unter dem Aspekt einer scheinbar immer internationaler orientierten Hochschullandschaft ist eine Intensivierung der Vermittlung der Fremdsprachen und hier insbesondere von Englisch jedoch dringend zu empfehlen. Eine Möglichkeit der Realisierung dieser Forderung wäre eine stärkere Unterstützung oder Einbindung von Auslandsaufenthalten im Verlauf des Studiums. Nachweislich haben bei den befragten Absolventinnen und Absolventen in den Naturwissenschaften lediglich 17 Prozent einen Auslandsaufenthalt während des Studiums angegeben, 8 Prozent (also etwa die Hälfte dieser Gruppe) hat mindestens ein Auslandssemester absolviert. Zum Vergleich sind es über alle Fächer hinweg 29 Prozent mit Auslandsaufenthalten und 13 Prozent mit mindestens einem Auslandssemester.

Tabelle 5   Beurteilung der Studienangebote und -bedingungen nach Studienfach (in %; positive Werte 1 und 2 / negative Werte 4 und 5)*

	Mat	Bio	Che	Phy	Bioch	Met	Inf	MNW	GES
Zeitliche Koordination der Lehrveranstaltungen	53/20	48/22	56/18	80/8	78/5	74/26	78/6	58/16	50/18
Zugang zu erforderlichen Lehrveranstaltungen (z. B. Seminare, Übungen)	58/20	54/19	79/7	91/3	54/6	87/0	78/6	69/13	61/16
Möglichkeit, die Studienanforderungen in der vorgesehenen Zeit zu erfüllen	60/24	47/24	38/29	64/13	50/11	57/22	47/27	49/24	51/23
System und Organisation von Prüfungen	51/20	48/20	44/21	46/12	44/20	57/17	58/13	53/18	48/20
Aufbau und Struktur des Studiums	46/22	48/17	52/18	67/8	53/11	74/4	58/11	53/16	49/18
Erwerb wissenschaftlicher Arbeitsweisen	52/13	53/17	71/8	68/9	56/14	61/13	51/18	57/16	53/19
Training von mündlicher Präsentation	39/35	35/36	39/37	36/38	39/32	39/35	31/39	34/38	38/37
Verfassen von wissenschaftlichen Texten	35/32	30/42	45/27	43/29	39/40	35/26	34/34	36/29	44/28
Aktualität der vermittelten Methoden	48/19	61/12	58/12	63/8	60/13	54/14	62/6	58/12	55/12
Didaktische Qualität der Lehre	34/30	32/24	35/22	43/17	35/11	30/30	43/17	37/23	37/32
Fachliche Qualität der Lehre	83/2	80/2	84/3	91/2	80/6	91/0	85/2	84/2	78/4
Fachliche Vertiefungsmöglichkeiten	56/14	48/16	59/15	69/7	55/3	57/0	69/11	59/13	51/17
Forschungsbezug von Lehre und Lernen	30/31	46/20	56/14	58/14	43/11	74/9	48/21	46/21	35/28
Kontakte zu Lehrenden	58/14	50/20	55/15	70/12	62/11	100/0	60/16	58/16	54/20
Kontakte zu Mitstudierenden	88/2	89/2	90/2	88/4	83/4	100/0	82/5	88/3	84/4
Anzahl	1.003	803	528	535	99	21	663	3.555	27.818

Frage: Wie beurteilen Sie die folgenden Studienangebote und -bedingungen in Ihrem Fach?

* Antwortskala von 1 = „sehr gut" bis 5 = „sehr schlecht", (positive Werte 1 + 2 / negative Werte 4 + 5); Mat = Mathematik, Bio = Biologie, Che = Chemie, Phy = Physik, Bioch = Biochemie, Met = Meteorologie; Inf = Informatik, MNW = Naturwissenschaften, Mathematik, Informatik, GES = Gesamte Stichprobe ohne MNW; Quelle: INCHER-Kassel, KOAB-Absolventenbefragung 2012 (Jahrgang 2010).

Bei der Gesamtbewertung der Studienbedingungen als Index aus 35 Items zeigen sich auch Unterschiede zwischen den Abschlussarten. Bachelor- und Diplomabsolventinnen und -absolventen beurteilen demnach zu 23 Prozent die Studienbedingungen als sehr gut oder gut, während es bei Masterabsolventinnen und -absolventen zu 44 Prozent der Fall ist. Damit scheint entweder das Masterstudium besser ausgestattet oder konzipiert zu sein, oder aber der kritische Teil der Bachelorabsolventinnen und -absolventen beginnt kein weiteres Studium im Masterbereich und dadurch fällt das Urteil über das Masterstudium besser aus. Im Bereich der Lehramtsabsolventinnen und -absolventen sehen sogar nur 13 Prozent die Studienbedingungen als gut oder sehr an. Auch zwischen den Hochschulen gibt es gravierende Unterschiede. Schlechte bis sehr schlechte Studienbedingungen schwanken je nach Hochschule zwischen zwei und 21 Prozent. Positive Bewertungen sind mit einem Spektrum von 13 bis 47 Prozent ebenfalls recht unterschiedlich.

5   Qualität der Lehre

Erfreulich aus Sicht der Hochschulen ist die insgesamt positive Bewertung der fachlichen Qualität der Lehre (siehe Tabelle 5). Im Bereich der Naturwissenschaften erhalten die MIN-Fächer mit jeweils 80 Prozent oder mehr eine gute Beurteilung. Die Anzahl schlechter Beurteilungen liegt mit höchstens drei Prozent (in der Chemie) auf einem generell sehr niedrigen Niveau. Dabei erreicht die Universität mit 85 Prozent „gut oder sehr gut" eine etwas bessere Beurteilung als die Fachhochschulen (72 Prozent). Deutlich geringere Werte in der Bewertung ergeben sich für die didaktische Qualität. Dort sind annähernd in allen Naturwissenschaften nur 37 Prozent der Befragten der Ansicht, dass das Angebot oder die Qualität des Angebots gut oder sehr gut ist (Universität 34 Prozent; Fachhochschulen 39 Prozent). Bei den Befragten außerhalb der Naturwissenschaftlerinnen und Naturwissenschaftler ist aber sogar die negative Beurteilung der didaktischen Qualität noch etwas höher. Ein möglicher Faktor zur Erklärung dieser schlechten Beurteilungen für die Naturwissenschaften ist der Umstand, dass viele didaktische Lehrstühle an den Hochschulen in diesem Bereich in den letzten Jahrzehnten geschlossen wurden. Die Anzahl ordentlicher Professoren und Professorinnen in der Didaktik der MIN-Fächer hat sich seit den 90er Jahren drastisch reduziert (siehe Abbildung 7). Damit ergibt sich die Gefahr, dass vorliegende Muster des Lehrens tradiert werden und moderne Lehrkonzepte nicht zur Anwendung in den Hochschulen kommen. Eine mögliche Folge sind daher Einbußen in der didaktischen Qualität. Die insgesamt schlechte Bewertung der didaktischen Komponente ist allerdings nicht neu, findet sich ein ähnlicher Bewertungszusammenhang bereits 2007 bei HIS (siehe Bargel, Ramm und Multrus 2008). Dort wurde über alle Fächer gemessen die fachliche Qualität bei 68 Prozent als sehr gut bewertet, bei der didaktischen Qualität lag die Zu-stimmungsquote unter 38 Prozent. Weiterhin bestätigt sich auch das Bild, nach dem gerade das Lehramt die didaktische Qualität besonders bemängelt. Dort liegt die Anzahl der positiven Bewertung unter 23 Prozent. Damit ist im Bereich der Naturwissenschaften das Lehramtsstudium in diesem Bereich das große Sorgenkind. Neben der möglichen Begründung durch die sinkende Anzahl von Professuren im didaktischen Bereich ist ein weiterer Erklärungsansatz eine höhere Erwartungshaltung bei Lehramtsabsolventinnen und -absolventen, da sie über ein vermeintlich höheres Wissen über didaktische Konzepte verfügen.

Abbildung 7   Entwicklung der Fachdidaktikprofessuren in Deutschland

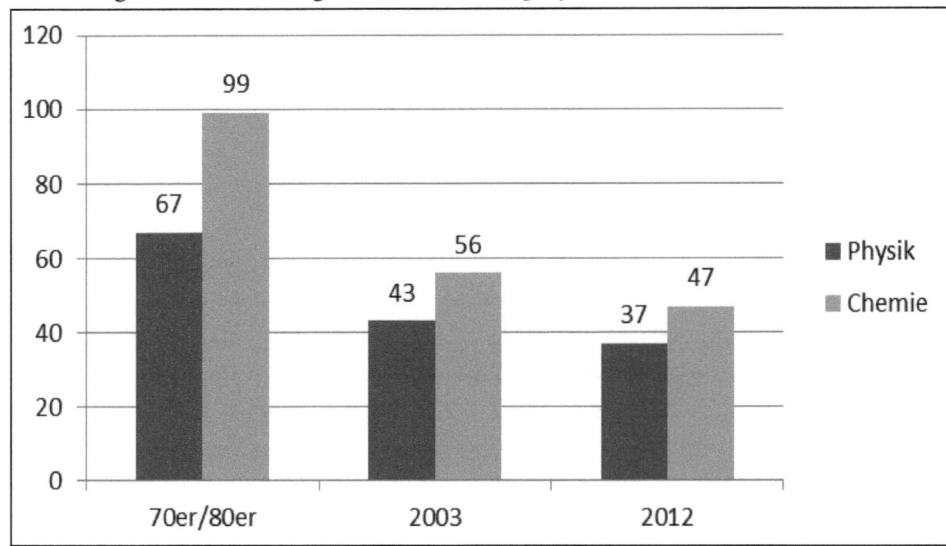

Quelle: Starauschek 2005, S. 4, ergänzt mit eigenen Angaben

6   Beratung und Betreuung

Weiterhin interessant ist die Differenz in der Beurteilung zwischen der individuellen Beratung hinsichtlich des Studiums und des Berufs (vgl. Tabelle 6). Bezogen auf die Studienberatung sind 64 Prozent der Naturwissenschaftlerinnen und Naturwissenschaftler mit den Angeboten gut bis durchschnittlich zufrieden. Bezogen auf die Berufsberatung ist die Zufriedenheit jedoch geringer. Dort sind nur noch 41 Prozent mindestens teilweise zufrieden. Dies könnte auf einen verbesserungswürdigen Konnex bzw. dessen Kommunikation durch die Studienberatung zwischen dem Studium und den späteren Beruf hindeuten. Dies bestätigt sich durch das Antwortverhalten auf die Frage nach der Beurteilung weiterer praxis- und berufsbezogener Elemente. Die Unterstützung bei der Stellensuche und Angebote berufsorientierender Veranstaltungen werden recht kritisch bewertet.

Nur 7 Prozent halten die vorhandenen Elemente zur Hilfe bei der Stellensuche für gut. Möglicherweise ändert sich dies durch die zahlreichen, neuen Career-Services, die in den letzten Jahren an den Hochschulen geschaffen wurden.

Auch die berufsorientierenden Veranstaltungen in ihrem Fach werden nur von 11 Prozent der naturwissenschaftlichen Absolventinnen und Absolventen für gut befunden. Allgemein werden die Lehrenden als nicht praxisaffin genug wahrgenommen. 44 Prozent der Absolventinnen und Absolventen der Naturwissenschaften halten die Situation in diesem Bereich für schlecht, in der Mathematik ist es sogar mehr als jeder zweite. Berücksichtigt man noch, dass sowohl Fachhochschulen als auch Universitäten in die Statistik einfließen, zeichnet sich gerade für Universitäten eigentlich ein noch schlechteres Bild. Während bei den Fachhochschulen 45,8 Prozent die Ausprägung von Lehrenden aus der Praxis mit gut oder sehr gut beurteilten, sind dies bei den Universitäten nur 24,3 Prozent. Eine schlechte oder sehr schlechte Beurteilung gab es bei den Fachhochschulen zu 22 Prozent, bei den Universitäten zu 46,3 Prozent. Diese Indikatoren deuten jedenfalls auf die Notwendigkeit einer Intensivierung bzw. Verbesserung der Career Aktivitäten der Hochschuleinrichtungen hin, falls man den Absolventinnen und Absolventen über ihren Abschluss hinaus eine gute Perspektive bieten möchte.

Auf einem Niveau von zwei bis drei wird die Ausstattung von Lehrräumen, die Verfügbarkeit von Lern- und Laborplätzen, der Literaturbestand der Bibliotheken und die apparative Ausstattung von Laboratorien bewertet. Das Material und die Laborausstattung sind gerade für Naturwissenschaften wichtige Merkmale. Nicht nur, dass viele Tätigkeiten und modernes Lehren/Lernen durch vollständige und funktionierende Ausstattung erst möglich werden, auch zeigt die Sozialklimaforschung, dass Lernende durch eine positive Arbeitsumgebung über die vermittelnde Variable Motivation zu höheren Leistungen imstande sind (Fraser, McRobbie und Giddings 1993). Innerhalb der Naturwissenschaften schneiden besonders die Informatik, die Physik und die Elektrotechnik gut bei den Verfügbarkeits- und Ausstattungsmerkmalen ab. Eine explizitere Darstellung dieser Merkmale findet sich mit älteren Daten bei Griga und Leszczensky am Beispiel von Baden-Württemberg (siehe Griga und Leszczensky 2008).

Tabelle 6 Beurteilung weiterer Studienbedingungen (in Prozent; positive Werte 1 und 2 / negative Werte 4 und 5*)

	Mat	Bio	Che	Phy	Bioch	Met	Inf	MNW	GES
Beratung und Betreuung									
Fachliche Beratung und Betreuung durch Lehrende	51/11	56/18	56/14	71/9	62/13	96/0	62/12	61/13	57/15
Besprechung von Klausuren, Hausarbeiten u. Ä.	41/29	36/42	38/29	60/15	41/20	74/4	51/17	42/27	37/32
Individuelle Berufsberatung in Ihrem Fach	13/59	8/67	11/67	16/51	17/40	32/45	14/55	12/59	13/59
Individuelle Studienberatung in Ihrem Fach	30/38	27/40	24/42	38/28	35/30	52/30	31/31	30/36	26/39
Anzahl	1.000	795	524	535	99	21	657	3.908	27.735
Ausstattung im Fach									
Verfügbarkeit notwendiger Literatur in der Fachbibliothek (inkl. Online-Ressourcen)	71/8	63/16	77/7	84/4	77/3	78/0	76/8	73/9	63/14
Zugang zu EDV-Diensten (Arbeitsplätze, WLAN etc.)	66/12	57/15	72/10	84/5	70/2	78/9	88/4	72/10	87/14
Verfügbarkeit von Lehr- und Lernräumen	42/29	37/26	55/26	63/15	56/13	70/9	57/20	48/24	42/28
Ausstattung der Lehr- und Lernräume (Technik, Arbeitsmittel etc.)	41/27	37/26	46/21	55/19	38/20	61/26	41/27	48/22	43/25
Verfügbarkeit von Laborplätzen	53/17	53/16	56/12	75/5	59/19	57/29	68/8	62/12	57/16
Apparative Ausstattung der Laborplätze	47/16	52/17	51/19	52/17	49/11	57/29	68/9	53/17	68/17
Anzahl	984	790	523	539	97	21	653	3.873	27.303

Frage: Wie beurteilen Sie die folgenden Beratungs- und Betreuungselemente in Ihrem Fach? Wie beurteilen Sie die Ausstattung in Ihrem Fach?

* Antwortskala von 1 = „sehr gut" bis 5 = „sehr schlecht", (positive Werte 1 + 2 / negative Werte 4 + 5); Mat = Mathematik, Bio = Biologie, Che = Chemie, Phy = Physik, Bioch = Biochemie, Met = Meteorologie; Inf = Informatik, MNW = Naturwissenschaften, Mathematik, Informatik, GES = Gesamte Stichprobe ohne MNW

Quelle: INCHER-Kassel, KOAB-Absolventenbefragung 2012 (Jahrgang 2010).

7 Kompetenzen

Neben den Fremdsprachen gibt es noch zahlreiche weitere Fähigkeiten und Kompetenzen, welche man beim Abschluss des Studiums vorweisen soll. Viele der Kompetenzen sind in Zielvereinbarungen und Akkreditierungsauflagen festgehalten. Eine der Fragen in der Erhebung beschäftigt sich auch mit der Selbstbeurteilung der Absolventinnen und Absolventen hinsichtlich bestimmter Fähigkeiten zum Zeitpunkt des Studienabschlusses. Darin bezeichnen sich die meisten Absolventinnen und Absolventen in den einzelnen Items als gut. Besonders die analytischen Fähigkeiten werden von den naturwissenschaftlichen Absolventinnen und Absolventen im Sinne des Selbstfähigkeitskonzepts als positiv (Wert 1,9) empfunden. Auch Zielstrebigkeit, der Umgang mit Druck oder produktive Teamarbeit weisen positive Beurteilungen auf. Signifikante Unterschiede zu nicht naturwissenschaftlichen Absolventinnen und Absolventen zeigen sich in einer besseren Selbstbeurteilung in den Items „Anwendung von wissenschaftlichen Methoden", „den analytischen Fähigkeiten" und der „Beherrschung des eigenen Faches". Bei der Einschätzung der Kompetenzen ist jedoch zu berücksichtigen, dass die Stärke des Hochschuleinflusses, also der Ursache des Kompetenzzuwachses, gegenüber anderen Faktoren nicht klar erfassbar ist.

8 Zufriedenheit mit dem Studium

Eine sehr zentrale Frage ist die nach der Gesamtzufriedenheit mit dem Studium. Hier sind die Absolventinnen und Absolventen der Naturwissenschaften mit 68 Prozent insgesamt recht zufrieden. Nur jeder zehnte Absolvent ist mit seinem Studium unzufrieden. Damit liegen die Naturwissenschaften bei der Beurteilung etwa auf dem gleichen Niveau wie die nichtnaturwissenschaftlichen Studiengänge insgesamt. Dabei gibt es durchaus signifikante Unterschiede zwischen den Hochschulen. Während bei den am besten bewerteten Hochschulen bis zu 85 Prozent der Absolventinnen und Absolventen zufrieden sind, gibt es am anderen Ende des Spektrum Hochschulen, bei denen dies lediglich 48 Prozent angaben. Auch zwischen den Abschlussarten gibt es Unterschiede. So ist insbesondere die Differenz der Zufriedenheit zwischen Bachelor und Master auffällig. Während Befragte mit einem Bachelor-Abschluss zu 67 Prozent mit ihrem Studium zufrieden sind, gibt der Anteil der Befragten mit einem Masterabschluss dies zu 86 Prozent an. Hier böte sich als Erklärung an, dass ein Teil der Unzufriedenheit sich auch in einem fehlenden Übergang zum Master ausdrückt und dadurch die Grundeinstellung der Masterstudierenden positiver ist. Eine weitere Erklärung kann die unterschiedliche Strukturierung von Bachelor- und Masterstudiengang sein. Gerade in den Naturwissenschaften findet sich häufig die Aufteilung der Inhalte von Grundlagen und Theorie im Bachelorbereich und der (angewandten) Forschung im Masterstudium. Unter den untersuchten Studiengängen sind Absolventinnen und Absolventen der Mathematik und der Biologie etwas unzufriedener, die der Physik etwas zufriedener als der Durchschnitt. Dass die gleiche Studienentscheidung wieder getroffen werden würde, haben im Bereich der Naturwissenschaften 80 Prozent als wahrscheinlich angegeben. Elf Prozent der Absolventinnen und Absolventen würden retrospektiv eher ein anderes Fach wählen oder gar nicht mehr studieren.

9   Zusammenfassung

Im Bereich der Studienbedingungen zeigt sich also insgesamt gesehen ein recht positives Bild, was die zentral zu vermittelnden fachlichen Inhalte angeht. Im didaktischen Bereich, besonders dem „blended learning" und bei der Vermittlung der englischen Sprache dagegen sollten die Studieninhalte noch angepasst werden. Starke Differenzen zeigen sich in den Praktika, wo es in den Naturwissenschaften ein konträres Bild (hohe Anteile in Chemie, Biochemie; niedrige Anteile in Mathematik, Informatik) gibt. Die Vorbereitung in den Übergang in den Beruf wurde als suboptimal beschrieben und legitimiert die stärker werdende Präsenz der Career-Center.

Unterschiede wurden bei der Bewertung zwischen Lehramts-, Master- und Bachelorabschlüssen festgestellt. Dabei werden dem Masterstudium in der Regel deutlich bessere Studienbedingungen als dem Bachelor zugestanden, wobei die Erklärungen hierfür vielfältig sein können. Es kann ein Filtereffekt durch das Ausscheiden unzufriedener Bachelorabsolventinnen und -absolventen oder aber ein realer Ausstattungs- und Konzeptionseffekt im Masterstudium sein. So sind die Inhalte im Masterstudium oft anwendungsorientierter als die im Bachelorstudium. Weitere Studien sind hier zur Erklärung dieses Sachverhalts notwendig.

Allgemein zeigen hohe Streuungen in den Bewertungen, dass von Hochschule zu Hochschule Bereiche sehr unterschiedlich bewertet werden. Daher könnte ein erhöhter Austausch von Ergebnissen zwischen den Institutionen zu beiderseitigen Qualitätsverbesserungen der Lehre führen.

Literatur

Bargel, T.; Ramm, M. und Multrus, F. (2008): Studiensituation und studentische Orientierungen. 10. Studierendensurvey an Universitäten und Fachhochschulen. Bonn und Berlin: Bundesministerium für Bildung und Forschung.

El Hage, N. (1996): Lehrevaluation und studentische Veranstaltungskritik. Bonn: Bundesministerium für Bildung, Wissenschaft, Forschung und Technologie.

Fraser, B.J.; McRobbie, C.J. und Giddings, G.J. (1993): „Development and Cross-National Validation of a Laboratory Classroom Environment Instrument for Senior High School Science". In: Science Education, 77, S. 1–24.

Gensch, K. und Kliegl, C. (2012): „Studienabbruch in MINT-Fächern – welche Gegenmaßnahmen können Hochschulen ergreifen?" München: Bayerisches Staatsinstitut für Hochschulforschung und Hochschulplanung (IHF Kompakt, Mai 2012).

Griga, D. und Leszczensky, M. (2008): Studienqualitätsmonitor 2008 Baden-Württemberg. Studienqualität und Studiengebühren. Hannover: HIS.

Kozma, R.B. (1991): „Learning with Media". In: Review of Educational Research, 61. Jg., H. 2, S. 179–211.

Krempkow, R. (2007): Leistungsbewertung, Leistungsanreize und die Qualität der Hochschullehre. Konzepte, Kriterien und ihre Akzeptanz. Bielefeld: UniversitätsVerlag Webler.

Multrus, F. (2005): Identifizierung von Fachkulturen über Studierende deutscher Hochschulen. Universität Konstanz: Arbeitsgruppe Hochschulforschung (Hefte zur Bildungs- und Hochschulforschung; 45).

Multrus, F.; Bargel, T. und Ramm, M. (2008): Studierendensurvey 1983–2007: Studiensituation und studentische Orientierungen. 10. Studierendensurvey an Universitäten und Fachhochschulen. Langfassung. Bonn, Berlin: Bundesministerium für Bildung und Forschung. URL: http://cms.uni-konstanz.de/ag-hochschulforschung/publikationen/studierendensurvey/ (Abrufdatum: 01.04.2014).

Starauschek, E. (2005): „Daten zur Lage der Chemie- und Physikdidaktik in Deutschland". In: Physik und Didaktik in Schule und Hochschule PhyDid, 1/4, S. 1–9.

Wissenschaftsrat (2008): Empfehlungen zur Qualitätsverbesserung von Studium und Lehre. Berlin: Wissenschaftsrat.

Vera Wolf

Der Blick zurück

Wie beurteilen Lehramtsabsolventinnen
und -absolventen ihr Studium?

Auf der 17. Gemeinsamen Wissenschaftskonferenz, die Ende 2012 in Berlin stattfand, wurde die „Qualitätsoffensive Lehrerbildung" beschlossen, die das Lehramtsstudium in Deutschland verbessern soll. Auch wenn eine aktuelle Studie berichtet, dass die überwiegende Mehrheit der Lehrerinnen und Lehrer Freude an
ihrer Arbeit empfinden und dass ihre Hauptmotivation die Arbeit mit Kindern
ist, beklagt dennoch die Hälfte der befragten Lehrerinnen und Lehrer eine unzu-
reichende Vorbereitung auf ihren späteren Beruf durch ihr Studium (Vodafone
Stiftung Deutschland 2012). Aus diesem Grund wurde die Qualitätsoffensive initiiert, um innovative Konzepte in der Lehrerausbildung an den Hochschulen zu
fördern (vgl. Gemeinsame Wissenschaftskonferenz 2012). Die ehemalige Bundes-
ministerin für Bildung und Forschung, Anette Schavan, betonte den Stellenwert
der Lehrerausbildung und wünschte sich, dass „die Besten und Engagiertesten
eines Jahrgangs Lehrer werden" (BMBF 2012). Durch die Bereitstellung von 500
Mio. Euro wird zum einen deutlich, dass die Lehrerausbildung einen sichtbaren
Platz an den Hochschulen bekommen soll, und zum anderen wird durch dieses
Programm auch dem Ansehen des Lehrerberufs in der Gesellschaft und dessen
Relevanz für die Ausbildung der zukünftigen Generationen Rechnung getragen.

Aus Sicht der Lehrerinnen und Lehrer sind der Unterricht und der Umgang
mit Schülerinnen und Schülern in den letzten Jahren anstrengender geworden,
weil immer stärker auch Aufgaben des Elternhauses mit übernommen werden
müssen. Grundsätzlich klagen Lehrkräfte über die in den letzten Jahren gestiegenen Belastungen im Beruf (Vodafone-Studie 2012). Somit erwartet Studienanfängerinnen und -anfänger, die sich für ein Lehramtsstudium entscheiden, eine hohe
gesellschaftliche und soziale Verantwortung: Sie müssen Vorbild sein, fehlende
Erziehung zu Hause sowie soziale Unterschiede ausgleichen. Trotz dieser Anforderungen und den Belastungen im späteren Berufsleben entscheiden sich nach
wie vor viele Studienanfängerinnen und Studienanfänger bewusst für ein Lehramtsstudium, so dass die Anzahl von Lehrerinnen und Lehrern, die ins Berufsleben eintreten, in den letzten Jahren gestiegen ist (vgl. Züchner, Weishaupt und
Rauschenbach 2010). Auch die Aussichten auf ein späteres hohes Einkommen
(vgl. Mertens, Röbken und Schneider 2011) und die verhältnismäßig sichere Be-
schäftigungsperspektive tragen sicherlich zur Attraktivität des Lehrerberufs bei.

Vor allem mit dem Wissen um die gestiegenen Belastungen in der Lehrtä-
tigkeit (Vodafone Stiftung Deutschland 2012) ist es unerlässlich, beständig die
wissenschaftliche Qualität sowie die berufliche Vorbereitung und Passung der
Lehrerausbildung an den Hochschulen zu evaluieren. Im Kooperationsprojekt
Absolventenstudien (KOAB) wurde zu diesem Zweck ein Lehramtsfragebogen
entwickelt, der neben den allgemeinen Fragen speziell auf die Anforderungen,
Fähigkeiten und Fertigkeiten des Lehrerberufs und deren Vermittlung in der
Lehrerausbildung eingeht. Eine detaillierte Ausführung über die Entwicklung
des lehramtsspezifischen Teils des Fragebogens findet sich bei Landmann (2013).

Anhand der vorliegenden Daten aus der KOAB-Befragung des Abschlussjahrgangs 2010 kann für Lehramtsabsolventinnen und -absolventen ein detailliertes
(retrospektives) Bild des Studiums und des Einstiegs in den Beruf via Vorbereitungsdienst gezeichnet werden. Der Berufseinstieg erfolgt für Lehramtsabsolventinnen und -absolventen in Form eines Referendariats (auch Vorbereitungsdienst genannt) und dauert in der Regel je nach Bundesland zwischen 18 und 24
Monaten. Das Referendariat als zweite Stufe der Lehrerausbildung ist demnach
eindeutig eine weitere Phase der Ausbildung (vgl. Blömeke 2002).

1   Das Profil der Lehramtsabsolventinnen und -absolventen des Jahrgangs 2010

Zum Zeitpunkt der Befragung (und damit durchschnittlich etwa 1,5 Jahre nach
Studienabschluss) befanden sich 78 Prozent der befragten Lehramtsabsolventinnen und -absolventen im Vorbereitungsdienst, während 15 Prozent einer anderen
regulären Erwerbstätigkeit nachgingen. Knapp ein Zehntel der Befragten nahm
ein weiteres oder zusätzliches Studium auf oder promovierte.

Aus den Antworten der Befragten des Prüfungsjahrgangs 2010 zeichnet sich
das folgende soziodemographische Profil ab: Knapp zehn Prozent der befragten
Absolventinnen und Absolventen des Jahrgangs 2010 haben ein Lehramtsstudium absolviert. Diese verteilen sich wie folgt auf die verschiedenen Schulstufen:
Lediglich sechs Prozent studierten Lehramt Berufliche Schulen, 15 Prozent der
befragten Lehramtsabsolventinnen und -absolventen waren für das Grundschullehramt eingeschrieben, 31 Prozent studierten im Bereich der Sekundarstufe I und
die Mehrheit, nämlich 47 Prozent, möchte später am Gymnasium unterrichten.

Frauen überwiegen mit drei Vierteln eindeutig bei den Lehramtsabsolventinnen und -absolventen. Vor allem bei denjenigen, die das Grundschullehramt
anstreben, sind Absolventen eher die Ausnahme: Nur jeder Zehnte in diesem
Bereich ist männlich. In den Sekundarstufen I und II steigt zwar der Männeran-
teil, ausgeglichen ist das Geschlechterverhältnis dennoch nicht (Sek I: 75 Prozent
Frauen; Sek II/GYM: 64 Prozent Frauen). Im Berufsschulbereich liegt der Frau-
enanteil bei 60 Prozent. Die Absolventinnen und Absolventen im Berufsschulbe-

reich sind mit 30,1 Jahren etwas älter als der Durchschnitt aller Lehramtsabsolventinnen und -absolventen (27,3 Jahre).

Lehramtsabsolventinnen und -absolventen erreichen im Abitur einen geringfügig schlechteren Notenschnitt (2,5) als Absolventinnen und Absolventen anderer Studiengänge (2,3). Lehramtsabsolventinnen und -absolventen, die das Lehramt an Gymnasien anstreben, berichten jedoch einen Notendurchschnitt von 2,3 und liegen damit innerhalb der Lehramtsabsolventinnen und -absolventen im oberen Bereich.

Überraschend ist der hohe Anteil von Absolventinnen und Absolventen mit Migrationshintergrund unter denjenigen, die das Gymnasiallehramt anstreben: Knapp jede(r) Fünfte (21 Prozent) gegenüber 13 Prozent der restlichen Lehramtsabsolventinnen und -absolventen.

Tabelle 1   Ausgewählte soziodemographische Angaben der Lehramtsabsolventinnen und -absolventen (Jg. 2010)

	Primarstufe	Sek I	Sek II/ Gym	Sek II/ BS	LABS	JG2010
Studierte Schulstufe						
Prozent	15	31	47	6	100	-
Geschlecht						
Frauen (Prozent)	90	75	64	60	72	52
Alter bei Studienabschluss						
Arith. Mittelwert (in Jahren)	26,3	27,4	27,3	30,1	27,3	27,0
Abiturnote						
Arith. Mittelwert	2,5	2,7	2,3	2,6	2,5	2,3
Migrationshintergrund						
Prozent	13	13	21	14	13	19
Lebenssituation (Prozent)						
Ledig, ohne Partner/in	20	24	25	13	23	30
Verheiratet	17	21	18	33	21	15
Kinder im Haushalt						
Prozent	16	14	7	20	12	10
Anzahl	474	980	1.486	190	3.161	33.685

Primarstufe: Lehramt Grundschule; Sek I: Lehramt Grund- und Hauptschule, Lehramt Realschule, Lehramt Mittelstufe, Gymnasium, Lehramt Sonder- und Förderschulen; Sek II/GYM: Lehramt Gymnasium; Sek II/BS: Lehramt Berufliche Schulen; LABS: Lehramtsabsolventinnen und -absolventen; JG2010: Alle Befragten des Prüfungsjahrgangs 2009/2010
Quelle: INCHER-Kassel, KOAB-Absolventenbefragung 2012 (Jahrgang 2010).

Lehramtsabsolventinnen und -absolventen befinden sich gegenüber allen Befragten häufiger in einer Beziehung: Sie sind zum Zeitpunkt der Befragung häufiger verheiratet (LABS: 21 Prozent, Jg2010: 15 Prozent), und es finden sich unter ihnen nur 23 Prozent Alleinstehende (Jg2010: 30 Prozent). Auch haben Lehramtsabsolventinnen und -absolventen zum Zeitpunkt der Befragung häufiger Kinder (LABS: 12 Prozent, Jg2010: 9 Prozent). Dabei wird die Betreuung der Kinder am häufigsten durch die Befragten selbst übernommen (LABS: 59 Prozent, Jg2010: 38 Prozent). Der Anteil derjenigen, die eine Kinderkrippe, einen Kindergarten oder Ähnliches in Anspruch nehmen, ist etwas geringer als im Durchschnitt (LABS: 37 Prozent, Jg2010: 42 Prozent) (vgl. Tabelle 2).

Tabelle 2   Betreuung der Kinder (Prozent; Mehrfachnennungen; nur Befragte, die Kinder haben, die mit ihnen in einem Haushalt leben)

	LABS	Andere	JG2010
Ich habe die Betreuung selbst übernommen	59	36	38
Mein Partner/meine Partnerin	51	55	54
Tagesmutter, Babysitter(in), Au-Pair	13	10	11
Kinderkrippe, Kindergarten oder schulische Nachmittagsbetreuung	37	43	42
Eltern, andere Verwandte oder Freunde	30	22	23
Es ist keine Betreuung notwendig	5	8	7
Sonstiges	5	5	5
Gesamt	200	178	180
Anzahl	101	992	1.093

Frage O8: Wer ist in der Regel an der Betreuung Ihres Kindes/Ihrer Kinder tagsüber beteiligt? Optionale Frage.
Quelle: INCHER-Kassel, KOAB-Absolventenbefragung 2012 (Jahrgang 2010).

2   Das Studium

2.1   Studiendauer

Da die Regelstudienzeit je nach angestrebter Schulstufe und Abschlussart, aber auch nach Hochschulstandort teilweise stark variiert, sind dem Vergleich der Studiendauer enge Grenzen gesetzt. Betrachtet man jedoch, wie viele Lehramtsabsolventinnen und -absolventen ihr Studium in der Regelstudienzeit abschließen, zeigt sich, dass sie häufiger länger an der Hochschule verbleiben als Absolventinnen und Absolventen anderer Studiengänge (vgl. Tabelle 3).

Tabelle 3   Ausgewählte soziodemographische Angaben der Lehramtsabsolven-
tinnen und -absolventen

	Primar-stufe	Sek I	Sek II/ Gym	Sek II/ BS	LABS	JG2010
Studiendauer (Fachsemester)	8,8	9,4	11,1	10,5	10,2	10,2
Abschluss in Regel-studienzeit (Prozent)	42	37	36	37	37	49
Anzahl					3.161	33.685

Frage C1: Wie viele Fachsemester haben Sie insgesamt in diesem Studiengang studiert? Kernfrage.
Frage C3: Haben Sie Ihr Studium in der Regelstudienzeit abgeschlossen? Optionale Frage.
Quelle: INCHER-Kassel, KOAB-Absolventenbefragung 2012 (Jahrgang 2010).

Insgesamt schließt mehr als die Hälfte der Lehramtsabsolventinnen und -absolventen (63 Prozent) ihr Studium nicht in der Regelstudienzeit ab. Am häufigsten werden als Gründe für eine Überschreitung der Regelstudiendauer Aspekte genannt, die in der Verantwortung der Hochschulen liegen: beinahe die Hälfte der Lehramtsabsolventinnen und -absolventen (46 Prozent) führt die längere Studiendauer auf die schlechte Koordination der Studienangebote zurück. Auch wird von 42 Prozent angegeben, dass Lehrveranstaltungen wegen fehlender räumlicher oder personeller Kapazitäten nicht besucht werden konnten. Auch strukturelle Aspekte wie die Änderung und/oder Umstellung der Prüfungs-, Studienordnung bzw. -struktur werden von den 13 Prozent Befragten als Ursache genannt.

Neben diesen strukturellen, eher auf Seiten der Hochschule zu verordnenden Gründen gibt es weitere Gründe, die zum einen sehr individuell geprägt sind, und zum anderen auch keinesfalls nur negativ angesehen sind. Beispielsweise begründet knapp ein Sechstel der Befragten eine längere Regelstudienzeit mit Auslandsaufenthalten oder breitem fachlichem (inhaltlichem, wissenschaftlichem) Interesse.

Weitere individuelle Gründe wie nicht bestandene Prüfungen (17 Prozent), Fach-/bzw. Schwerpunktwechsel (17 Prozent) oder hohe Anforderungen im Studiengang (13 Prozent) stehen zwar in einem hohem Zusammenhang mit dem Studium, und an vielen Hochschulen finden Studierende auch Unterstützungs- oder Beratungsangebote in diesen Bereichen, aber letztendlich liegt die Verantwortung für eine längere Studiendauer bei den Studierenden bzw. späteren Absolventinnen und Absolventen.

Eine Erwerbstätigkeit neben dem Studium führt ebenfalls zu einer längeren Studiendauer. Knapp ein Drittel der Lehramtsabsolventinnen und -absolventen (32 Prozent) nennt dies als Grund. Auch persönliche Gründe wie fehlendes Studieninteresse, mangelnde Motivation, Studienplanung etc. (18 Prozent) sowie familiäre Gründe wie Schwangerschaft, Kinder, Pflege von Angehörigen etc. (13 Prozent) können die Studiendauer verlängern.

2.2 Einstellung zum Studium

Die Beurteilung verschiedener Aspekte des Studiums zeigt eine Betonung traditioneller Lehr- und Lernmethoden und ein Defizit hinsichtlich vergleichsweiser neuer oder innovativer Konzepte. Im Lehramtsstudium tritt dieser Trend noch etwas deutlicher auf als bei Absolventinnen und Absolventen anderer Studiengänge.

Die Befragten wurden gebeten, retrospektiv einzuschätzen, welche Lehr- und Lernformen in ihrem Studium betont wurden. Deutlich zeigt sich eine Fokussierung auf schriftliche Arbeiten. Auf einer Skala von 1 (= In sehr hohem Maße) bis 5 (= Gar nicht) wurden diese mit einem Mittelwert von 2 eingeschätzt. Theorien und Paradigmen, Faktenwissen und Vorlesungen nehmen aus der Sicht der Befragten ebenfalls einen hohen Stellenwert ein (Mittelwert 2,2). Weniger ausgeprägt als im Durchschnitt aller Absolventinnen und Absolventen waren Ansätze oder Konzepte wie Gruppenarbeit (Mittelwert 3,1), anwendungsorientiertes Wissen (Mittelwert 3,2), projekt- und/oder problemorientiertes Lernen (Mittelwert 3,7), E-Learning (Mittelwert 4) und die Teilnahme an Forschungsprojekten (Mittelwert 4,4) (vgl. Abbildung 1).

Abbildung 1   *Betonung verschiedener Aspekte von Lehre und Lernen im Studium (arithmetischer Mittelwert)*

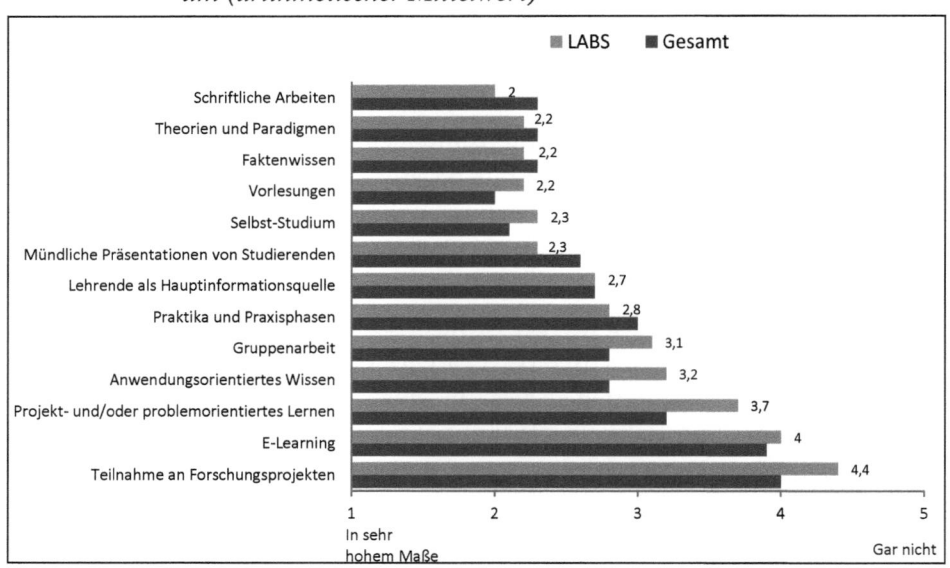

Frage C6: In welchem Ausmaß wurden folgende Aspekte von Lehren und Lernen in Ihrem Studium betont? Antwortskala von 1 = In sehr hohem Maße bis 5 = Gar nicht. Kernfrage.

Hinsichtlich ihrer Einstellung zum Studium unterscheiden sich Lehramtsabsolventinnen und -absolventen kaum von Absolventinnen und Absolventen anderer Studiengänge. Das Studium nimmt einen relativ hohen Stellenwert im Leben der Lehramtsabsolventinnen und -absolventen ein. Eine Ausrichtung an den Anforderungen des Arbeitsmarktes war für die Lehramtsabsolventinnen und -absolventen nicht prioritär (vgl. Tabelle 4).

Tabelle 4 Einstellungen zum Studium nach Lehramt (arithmetischer Mittelwert)

	LABS	Andere	Jg2010
Mein Studium war mir nicht so wichtig wie andere Lebensbereiche.	3,8	3,9	3,9
Ich habe für mein Studium immer mehr getan, als von mir verlangt wurde.	2,9	2,8	2,8
Ich habe mich in meinem Studium auf bestimmte, mich interessierende Bereiche konzentriert.	2,4	2,3	2,3
Ich habe mich in der Gestaltung meines Studiums auf die Anforderungen des Arbeitsmarktes konzentriert.	3,6	3,5	3,5
Anzahl	1.891	19.270	21.161

Frage C18: Inwiefern treffen die folgenden Aussagen auf Ihr Studium zu? Antwortskala von 1 = In sehr hohem Maße bis 5 = Gar nicht. Optionale Frage.
Quelle: INCHER-Kassel, KOAB-Absolventenbefragung 2012 (Jahrgang 2010).

2.3 Vermittlung von Fertigkeiten und Fähigkeiten

Im Lehramtsstudium liegt ein besonderes Augenmerk auf der Vermittlung von praktischen Fertigkeiten und Kenntnissen. Wie unter anderem Lipowsky (2006) berichtet, haben Lehrerinnen und Lehrer eine zentrale Rolle für den Lernerfolg der Schülerinnen und Schüler. Daher ist die Betonung von berufspraktischen und fachdidaktischen Kenntnissen im Lehramtsstudium von besonderer Relevanz.

Die Lehramtsabsolventinnen und -absolventen wurden sowohl nach der Vermittlung bestimmter Bereiche im Studium als auch nach ihrer Einschätzung der Relevanz dieser Bereiche gefragt. Es zeigt sich vor allem im praktischen Bereich ein deutliches Defizit: Die Lehramtsabsolventinnen und -absolventen erachten vor allem fachdidaktische Inhalte und Anwendungsbeispiele als relevant für den Lehrerberuf, aber diese Bereiche werden im Studium aus ihrer Sicht wenig fokussiert.

Die Vermittlung von theoretischen Grundlagen und Begriffen im Studium stimmt aus Sicht der Befragten in etwa mit der geschätzten Bedeutung für den Lehrerberuf überein. Forschungsmethoden, die im Studium eher selten vermittelt werden, scheinen auch in der beruflichen Praxis der Lehrerinnen und Lehrer keine gewichtige Rolle zu spielen. Dies zeigt sich in der nahezu übereinstimmenden Beurteilung der Vermittlung im Studium mit der Einschätzung der Relevanz im Lehrerberuf (eingeschränkt wird diese Aussage dadurch, dass die Befragten bislang wenig berufliche Erfahrung haben. Erneute Befragungen zu einem späteren Zeitpunkt können hier zukünftig mehr Aufschluss liefern).

In den Fachwissenschaften spielen vor allem theoretische Grundlagen und Begriffe eine große Rolle im Lehramtsstudium (Mittelwert 1,9 bzw. 2 auf einer Skala von 1 = In sehr hohem Maße bis 5 = Gar nicht). Theorievergleiche, Theoriegeschichte, Anwendungsbeispiele und fachdidaktische Inhalte schneiden hingegen schlechter ab. Am wenigsten Wert wird im fachwissenschaftlichen Studium auf die Vermittlung von Forschungsmethoden gelegt (Mittelwert 3,0). Für den bildungs- bzw. erziehungswissenschaftlichen Anteil des Studiums zeigt sich ein ähnliches Bild wie bei den Fachwissenschaften, auch wenn sowohl die Vermittlung während des Studiums als auch die spätere Relevanz durchgängig schlechter bewertet werden. Dafür fallen die Differenzen geringfügig kleiner aus, somit stimmt die Vermittlung der verschiedenen Bereiche etwas mehr mit der Einschätzung der Relevanz im Lehrerberuf überein. Eine Ausnahme davon bilden die Anwendungsbeispiele, die im bildungs- bzw. erziehungswissenschaftlichen Anteil des Studiums eine noch geringere Rolle spielen als im fachwissenschaftlichen Studium (vgl. Tabelle 5).

Tabelle 5 *Beurteilung der Vermittlung von Wissen*

	Bildungs-/erziehungswissenschaftlicher Anteil			Erste Fachwissenschaft			Zweite Fachwissenschaft		
	Vermittlung im Studium (I3)	Einschätzung der Relevanz im Lehrerberuf (I4)	Differenz	Vermittlung im Studium (I1)	Einschätzung der Relevanz im Lehrerberuf (I2)	Differenz	Vermittlung im Studium (I1)	Einschätzung der Relevanz im Lehrerberuf (I2)	Differenz
Theoretische Grundlagen und Begriffe	2,3	2,7	0,4	1,9	2,5	0,6	2,0	2,4	0,4
Theorievergleiche	2,8	3,5	0,7	2,6	3,5	0,9	2,6	3,4	0,8
Theoriegeschichte	2,9	3,8	0,9	2,8	3,8	1,0	2,8	3,7	0,9
Anwendungsbeispiele	3,2	1,8	-1,4	2,9	1,6	-1,3	2,8	1,7	-1,1
Forschungsmethoden	3,3	3,3	0,0	3,0	3,2	0,2	3,0	3,2	0,2
Fachdidaktik	2,8	1,8	-1,0	2,8	1,4	-1,4	2,8	1,5	-1,4
Anzahl	1.447	1.449		1.470	1.472		1.426	1.423	

Frage I1: Inwieweit wurde Ihnen während Ihres Studiums Wissen in den folgenden Studienbereichen vermittelt? Frage I2: Inwieweit ist das Wissen aus den folgenden Bereichen Ihres Studiums Ihrer Einschätzung nach relevant für den Lehrerberuf? Antwortskala von 1 = In sehr hohem Maße bis 5 = Gar nicht. (erste und zweite Fachwissenschaft). Frage I3: Inwieweit wurde Ihnen im bildungswissenschaftlichen/erziehungswissenschaftlichen Anteil Ihres Studiums Wissen in den folgenden Studienbereichen vermittelt? Frage I4. Inwieweit ist das Wissen aus dem bildungswissenschaftlichen/erziehungswissenschaftlichen Anteil Ihres Studiums Ihrer Einschätzung nach relevant für den Lehrerberuf? Antwortskala von 1 = In sehr hohem Maße bis 5 = Gar nicht.
Quelle: INCHER-Kassel, KOAB-Absolventenbefragung 2012 (Jahrgang 2010).

2.4   Retrospektive Beurteilung der Studienangebote und -bedingungen

Lehramtsabsolventinnen und -absolventen bewerten ihre Studienangebote und
-bedingungen rückblickend insgesamt schlechter als Absolventinnen und Absolventen anderer Studiengänge. Vor allem organisatorische Aspekte wie die zeit-
liche Koordination der Veranstaltungen (Mittelwert 3,2), der Zugang zu erforderlichen Lehrveranstaltungen sowie die didaktische Qualität der Lehre (jeweils
Mittelwert 3,3) werden seitens der Studierenden bemängelt (vgl. Abbildung 2).

*Abbildung 2   Beurteilung der Studienangebote und -bedingungen (arithmeti-
scher Mittelwert)*

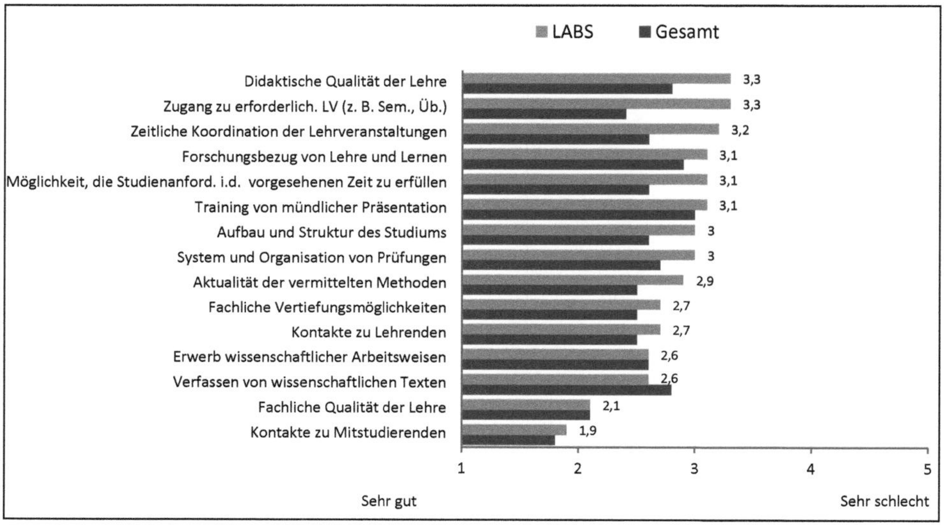

Frage D1: Wie beurteilen Sie die folgenden Studienangebote und -bedingungen in Ihrem Fach?
Antwortskala von 1 = Sehr gut bis 5 = Sehr schlecht. Kernfrage.

Auch die Beratungs- und Betreuungsangebote im Studium werden durch die
Lehramtsabsolventinnen und -absolventen insgesamt schlechter beurteilt. Die
technische Ausstattung und grundlegende infrastrukturelle Aspekte werden
ebenso durchgehend schlechter beurteilt. Hier werden vor allem die räumliche
Situation (Verfügbarkeit und Ausstattung von Lehr- und Lernräumen) bemängelt (vgl. Tabelle 6).

Tabelle 6 Beurteilung der Studienangebote und -bedingungen (arithmetischer Mittelwert)

	LABS	Andere	Jg2010
Bewertung der Beratungs- und Betreuungselemente			
Fachliche Beratung und Betreuung durch Lehrende	2,6	2,4	2,4
Besprechung von Klausuren, Hausarbeiten u. Ä.	3,2	2,9	3,0
Individuelle Berufsberatung in Ihrem Fach	3,8	3,7	3,7
Individuelle Studienberatung in Ihrem Fach	3,4	3,2	3,2
Anzahl	2.856	26.242	29.098
Bewertung der Ausstattung			
Verfügbarkeit notwendiger Literatur in der Fachbibliothek (inkl. Online-Ressourcen)	2,4	2,3	2,3
Zugang zu EDV-Diensten (Arbeitsplätze, WLAN etc.)	2,6	2,3	2,3
Verfügbarkeit von Lehr- und Lernräumen	3,2	2,8	2,8
Ausstattung der Lehr- und Lernräume (Technik, Arbeitsmittel etc.)	3,3	2,7	2,8
Verfügbarkeit von Laborplätzen	2,8	2,4	2,5
Apparative Ausstattung der Laborplätze	2,8	2,5	2,5
Anzahl	2.795	25.857	28.652

Frage D2: Wie beurteilen Sie die folgenden Beratungs- und Betreuungselemente in Ihrem Fach? Antwortskala von 1 = Sehr gut bis 5 = Sehr schlecht. Kernfrage. Frage D3: Wie beurteilen Sie die Ausstattung in Ihrem Fach? Antwortskala von 1 = Sehr gut bis 5 = Sehr schlecht. Kernfrage. Quelle: INCHER-Kassel, KOAB-Absolventenbefragung 2012 (Jahrgang 2010).

Ebenfalls werden praxis- und berufsbezogene Studienelemente von Lehramtsabsolventinnen und -absolventen im Vergleich mit Absolventinnen und Absolventen anderer Studiengänge fast durchgängig schlechter beurteilt. Lediglich Pflichtpraktika und Praxissemester, die im Lehramtsstudium einen hohen Stellenwert haben, werden mit einem Mittelwert von 2,8 geringfügig besser beurteilt (vgl. Tabelle 7).

*Tabelle 7   Beurteilung der praxis- und berufsbezogenen Studienelemente
(arithmetischer Mittelwert)*

	LABS	**Andere**	**Jg2010**
Aktualität der vermittelten Lehrinhalte bezogen auf Praxisanforderungen	3,1	2,6	2,6
Verknüpfung von Theorie und Praxis	3,5	2,9	2,9
Vorbereitung auf den Beruf	3,8	3,4	3,4
Unterstützung bei der Suche geeigneter Praktikumsplätze	3,7	3,6	3,6
Praxisbezogene Lehrinhalte	3,5	2,9	3,0
Projekte im Studium/Studienprojekte/Projektstudium	3,8	3,1	3,2
Pflichtpraktika/Praxissemester	2,8	2,9	2,9
Angebote zum Erwerb von Schlüsselkompetenzen	3,5	3,1	3,1
Anzahl	2.773	25.609	28.382

Frage D5: Wie beurteilen Sie die folgenden praxis- und berufsbezogenen Elemente in Ihrem Fach?
Antwortskala von 1 = Sehr gut bis 5 = Sehr schlecht. Kernfrage.
Quelle: INCHER-Kassel, KOAB-Absolventenbefragung 2012 (Jahrgang 2010).

Um fachübergreifende Kompetenzen bzw. Fertigkeiten der Lehramtsabsolventinnen und -absolventen zu ermitteln, die im Studium ausgebildet werden sollten, wurden 19 verschiedene Items abgefragt (vgl. Abbildung 3).

*Abbildung 3   Beurteilung der Fähigkeiten/Kompetenzen bei Studienabschluss
(arithmetischer Mittelwert)*

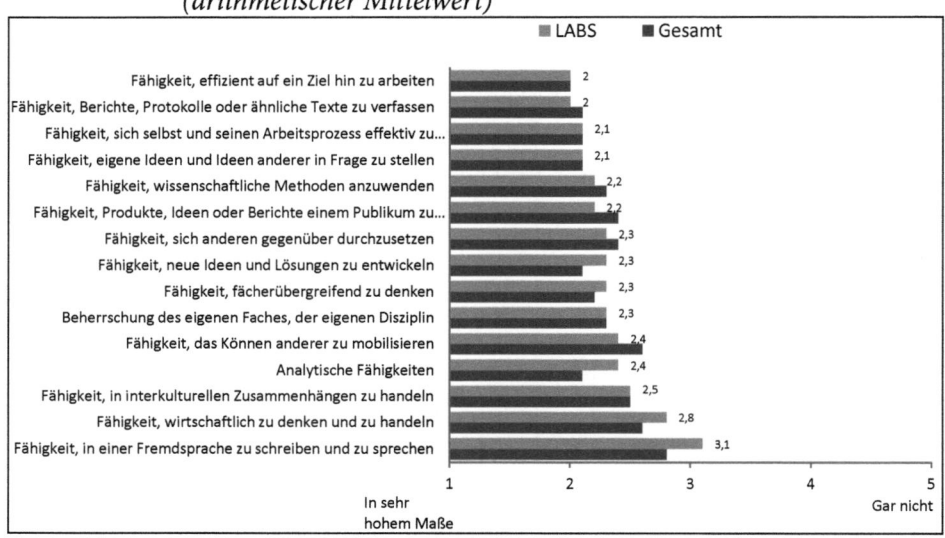

Frage D1: Wie beurteilen Sie die folgenden Studienangebote und -bedingungen in Ihrem Fach?
Antwortskala von 1 = Sehr gut bis 5 = Sehr schlecht. Kernfrage.

Auffällig ist, dass sich die Lehramtsabsolventinnen und -absolventen zum Zeitpunkt des Studienabschlusses insgesamt geringfügig geringere Kompetenzen bzw. Fertigkeiten zuschreiben als Absolventinnen und Absolventen anderer Studiengänge. Insbesondere die überdurchschnittlich schlechte Beurteilung der analytischen Fähigkeiten, des wirtschaftlichen Denkens und Handelns sowie die Fähigkeit, in einer Fremdsprache zu schreiben und zu sprechen seitens der Lehramtsabsolventinnen und -absolventen (diese drei Items sowie zusätzlich die Fähigkeit, in interkulturellen Zusammenhängen zu handeln, werden allerdings auch von allen anderen Absolventinnen und Absolventen am schlechtesten beurteilt) fällt auf. Auch hier muss jedoch wieder berücksichtig werden, dass sich die befragten Lehramtsabsolventinnen und -absolventen größtenteils noch im Vorbereitungsdienst und damit in der zweiten Ausbildungsphase befinden. Überdurchschnittlich hohe Kompetenzen attestieren sich die Lehramtsabsolventinnen und -absolventen hinsichtlich der Anwendung wissenschaftlicher Methoden (Mittelwert 2,2), ihrer Präsentationsfähigkeit (Mittelwert 2,2), ihrem Durchsetzungsvermögen (Mittelwert 2,3) sowie in der Mobilisierung des Könnens Anderer (Mittelwert 2,4) (vgl. Abbildung 3).

Tabelle 8: Zufriedenheit mit dem Studium und rückblickende Studienentscheidung nach Lehramt (Prozent)

	LABS	Andere	Jg2010
Zufriedenheit mit dem Studium insgesamt			
Zufrieden (Werte 1 und 2)	43	65	63
Teils, teils (Wert 3)	35	25	26
Unzufrieden (Werte 4 und 5)	22	10	11
Wahl desselben Studiengangs			
Wahrscheinlich (Werte 1 und 2)	79	75	76
Teils, teils (Wert 3)	10	11	11
Unwahrscheinlich (Werte 4 und 5)	11	14	13
Wahl derselben Hochschule			
Wahrscheinlich (Werte 1 und 2)	58	68	67
Teils, teils (Wert 3)	21	18	18
Unwahrscheinlich (Werte 4 und 5)	21	14	15
Aufnahme eines Studiums			
Wahrscheinlich (Werte 1 und 2)	87	91	91
Teils, teils (Wert 3)	6	4	5
Unwahrscheinlich (Werte 4 und 5)	7	4	4

Frage D10: Wenn Sie – rückblickend – noch einmal die freie Wahl hätten, würden Sie wieder studieren? Antwortskala von 1 = Sehr wahrscheinlich bis 5 = Sehr unwahrscheinlich. Optionale Frage. Quelle: INCHER-Kassel, KOAB-Absolventenbefragung 2012 (Jahrgang 2010).

Insgesamt nach der Zufriedenheit mit dem Studium gefragt, zeigt sich, dass die Lehramtsabsolventinnen und -absolventen generell unzufriedener mit dem Studium sind als Absolventinnen und Absolventen anderer Studiengänge. Dennoch würden sich 79 Prozent wahrscheinlich erneut für denselben Studiengang entscheiden (Gesamt: 75 Prozent), dieselbe Hochschule würden aber nur 58 Prozent und damit deutlich weniger als der Durchschnitt aller Absolventinnen und Absolventen wählen (67 Prozent). Auch eine erneute grundsätzliche Entscheidung für ein Studium wird von Lehramtsabsolventinnen und -absolventen seltener genannt (von 87 Prozent gegenüber durchschnittlich 91 Prozent aller Befragten, vgl. Tabelle 8).

3   Vorbereitungsdienst

Die deutliche Mehrheit, nämlich 94 Prozent der Lehramtsabsolventinnen und -absolventen, absolvierten im Anschluss an das Studium den Vorbereitungsdienst. Die meisten der Lehramtsabsolventinnen und -absolventen, 80 Prozent, haben bereits vor oder ungefähr zur Zeit des Studienabschlusses mit der Beschäftigungssuche bzw. der Bewerbung um ein Referendariat begonnen. Die Wartezeit für einen Referendariatsplatz betrug im Mittel 2,3 Monate.

Nahezu alle Lehramtsabsolventinnen und -absolventen haben einen Referendariatsplatz in dem von ihnen bevorzugten Bundesland. Betrachtet man die Verteilung der Lehramtsabsolventinnen und -absolventen jedoch nicht auf dieser groben geographischen Ebene, sondern berücksichtigt auch die Verteilung auf bestimmte Studienseminarbezirke oder Schulen, zeigt sich, dass nicht alle Wünsche erfüllt werden können: Im gewünschten Seminar sind 71 Prozent der Lehramtsabsolventinnen und -absolventen untergekommen, und etwas mehr als die Hälfte der Befragten kann das Referendariat an der präferierten Schule absolvieren.

Zum Zeitpunkt der Befragung hatten lediglich zwei Prozent der Lehramtsabsolventinnen und -absolventen ihr Referendariat abgebrochen. Neben persönlichen Gründen (wie Krankheit oder familiäre Belastung) zeigte sich, dass ein Abbruch häufig mit beruflicher Überforderung einhergeht: Diejenigen, die das Referendariat abgebrochen haben, hatten das Gefühl, der Aufgabe nicht gerecht zu werden und berichten einen zu hohen Leistungsanspruch. Auch unklare Vorstellungen im Vorfeld über das Referendariat sowie ein veränderter Berufswunsch führten zum Abbruch.

3.1 Handlungsfelder des Lehrerberufs – Anforderungen und Erfüllung

Die Anforderungen an und Fähigkeiten von Lehramtsabsolventinnen und -absolventen, die in diesem Abschnitt untersucht werden, basieren auf einem Handlungsmodell des Lehrerberufs. Dieses Modell bezieht sich auf die Empfehlungen der Kultusministerkonferenz (KMK 2004; KMK 2008).

Zum Zeitpunkt der Befragung und damit mit etwa 1,5 Jahren ersten beruflichen Erfahrungen im Vorbereitungsdienst konstatieren die Lehramtsabsolventinnen und -absolventen, dass sie sich den Anforderungen des Lehrerberufs nicht gewachsen fühlen. Dies wird deutlich, da die Gegenüberstellung wahrgenommener Anforderungen mit den durch die Lehramtsabsolventinnen und -absolventen selbsteingeschätzten Fähigkeiten zeigt, dass die selbsteingeschätzten Fähigkeiten durchgängig zwischen 0,2 und 1,2 Punkte schlechter abschneiden als die Anforderungen (auf einer Skala von 1 = In sehr hohem Maße bis 5 = Gar nicht).

Auch unter Berücksichtigung der Tatsache, dass die Befragten sich zu diesem Zeitpunkt immer noch mehrheitlich im Vorbereitungsdienst und damit in einer Ausbildungssituation befinden, weisen diese Ergebnisse darauf hin, dass praktische Anforderungen im Studium nicht ausreichend vermittelt werden und die Lehramtsabsolventinnen und -absolventen sich überfordert fühlen.

Die größten Differenzen zwischen den wahrgenommenen Anforderungen und den selbsteingeschätzten Fähigkeiten bestehen in den Handlungsfeldern Unterricht sowie Beurteilen (vgl. Tabelle 9). Auffällig ist jedoch auch, dass im Handlungsfeld Innovieren zwei Aspekte sehr schlecht abschneiden, die auf eine hohe Belastung im Lehrerberuf hinweisen: Die angehenden Lehrkräfte sehen bei sich ein Manko hinsichtlich kräfteschonender und effektiver Arbeitsweisen sowie individueller Ausgleichsmöglichkeiten, erachten diese Fähigkeiten aber als relativ wichtig im Beruf an.

Die Überforderung im Berufsleben, die sich hier abzeichnet, wird teilweise dadurch verstärkt, das Lehramtsabsolventinnen und -absolventen bereits andere motivationale und psychische Eingangsvoraussetzungen aufweisen. So zeigte Neugebauer (2013) beispielsweise, das Lehramtsstudierende weniger darauf abzielen, beruflich viel zu leisten oder höhere Statuspositionen zu erreichen. Auch zeichnen sich vor allem nicht gymnasiale Lehramtsstudierende durch besonders hohes soziales Interesse und, wie bereits erwähnt, schlechtere Abiturnoten aus. Auch ist in dieser Gruppe das fachliche und wissenschaftliche Interesse sowie die Kompetenz- und Karriereorientierung geringer ausgeprägt. Hier zeichnet sich bereits ab, dass bei Untersuchungen hinsichtlich Studienwahlmotiven oder Eingangsvoraussetzungen bei Lehramtsstudierenden meist zwei Gruppen unterschieden werden können (Gymnasiallehramt vs. andere Schulstufen) und daher Unterschiede auch innerhalb der Gruppe der Lehramtsstudierenden aufzuzeigen sind.

Tabelle 9   Anforderungen des Lehrerberufs und deren Erfüllung

Handlungsfeld	Soll	Ist	Differenz
Unterricht			
Unterrichtsmaterialien zu beschaffen, sichten und erstellen	1,2	1,9	-0,6
Unterricht methodisch abwechslungsreich zu gestalten	1,2	2,1	-0,9
Unterrichtsinhalte so zu strukturieren, dass ein roter Faden der Unterrichtsstunde erkennbar ist	1,2	2,1	-0,9
Unterricht zielorientiert zu gestalten	1,2	2,1	-0,9
Fehler von Schüler/inne/n für den Lernprozess der Schüler/innen zu nutzen	1,8	2,6	-0,7
Fehler von Schüler/inne/n zu analysieren	1,8	2,5	-0,6
Schüler/innen zum Lernen zu motivieren	1,3	2,1	-0,8
Selbstständiges Lernen der Schüler/innen zu fördern	1,4	2,3	-0,9
Reflexion der Schüler/innen über eigene Lernprozesse anzuregen	1,7	2,5	-0,8
Individuelle Lernangebote und Hilfestellungen zu konzipieren	1,7	2,6	-1,0
Erziehen			
Interkulturell bedingte Unterschiede für das Lernen der Schüler/innen zu nutzen	2,6	3,2	-0,6
Unterrichtsstörungen zu unterbinden	1,6	2,4	-0,7
Ansprechpartner/in für die Schüler/innen zu sein	1,6	1,8	-0,2
Den Einsatz von unterschiedlichen Formen der Leistungsbeurteilung gegeneinander abzuwägen	2,2	2,7	-0,5
Lerneinflüsse aus dem sozialen Hintergrund der Schüler/innen zu berücksichtigen	2,2	3,0	-0,7
Gesellschaftliche Werte und Normen zu vermitteln	1,8	2,1	-0,4
Konstruktive Konfliktlösungsstrategien zu vermitteln	2,0	2,5	-0,6
Regeln für ein soziales Miteinander der Schüler/innen aufzustellen	1,6	2,0	-0,4
Ungewollten Konflikten durch entsprechende Konzeption des Unterrichts vorzubeugen	2,0	2,6	-0,6
Konflikten im Unterricht angemessen zu begegnen	1,6	2,2	-0,6
Bei familiären Problemen der Schüler/innen unterstützend einzugreifen	2,6	3,3	-0,7

Handlungsfeld	Soll	Ist	Differenz
Beurteilen			
Spezifische Lernvoraussetzungen zu diagnostizieren	1,9	2,7	-0,8
Aktuelle Lernstände von Schüler/inne/n zu diagnostizieren	1,6	2,4	-0,8
Schüler/inne/n entwicklungsfördernde Rückmeldung zu geben	1,7	2,4	-0,7
Schulleistungen angemessen zu beurteilen	1,4	2,2	-0,8
Am Curriculum orientierte Leistungsmaßstäbe zu erstellen	1,8	2,5	-0,7
Eltern in Bezug auf ihre Kinder zu beraten	2,1	2,8	-0,7
Innovieren			
Schulische Projekte und außerunterrichtliche Schulveranstaltungen zu planen und durchzuführen	2,2	2,6	-0,5
Die rechtlichen Grundlagen von Schule und Unterricht zu kennen	2,0	2,8	-0,7
Bürokratische Vorgaben in Bezug auf Verwaltung und Dokumentation umzusetzen	2,3	2,8	-0,6
Den Schulalltag zu planen, organisieren und strukturieren	1,4	2,1	-0,7
Schulische Aufgaben kräfteschonend und effektiv zu erledigen	1,8	3,0	-1,2
Individuellen Ausgleich für Arbeitsbelastung durch den Lehrerberuf zu schaffen	2,1	3,0	-0,9
Kollegiale Zusammenarbeit und kollegialen Austausch zu pflegen	1,7	2,0	-0,2
Sich konstruktiv in Konferenzen, Arbeitsgruppen und Besprechungen einzubringen	2,1	2,7	-0,5
Sich mit Ideen, Konzepten und Engagement an der Schulgestaltung zu beteiligen	2,1	2,7	-0,6
Unterschiedliche Formen der inneren Evaluation für die Schulentwicklung zu nutzen	2,6	3,2	-0,6
Ergebnisse von Evaluationen für den eigenen Unterricht zu nutzen	2,3	2,8	-0,5
Schulische Vorgänge und die eigene Tätigkeit zu reflektieren	1,8	2,2	-0,4
Eigenen Fortbildungsbedarf zu erkennen und umzusetzen	2,1	2,5	-0,3

Handlungsfeld	Soll	Ist	Differenz
Fachwissenschaften			
Die eigenen Kenntnisse in den studierten Fachwissenschaften zu aktualisieren	2,2	2,6	-0,4
Sich an Diskussionen zu den studierten Fachwissenschaften fundiert zu beteiligen	2,8	3,0	-0,2
Neue wissenschaftliche Erkenntnisse in das Curriculum aufzunehmen	2,8	3,2	-0,4
Spaß an den eigenen Fachwissenschaften/Schulfächern zu vermitteln	1,5	1,9	-0,4
Fachwissenschaftliche Methoden für die Planung von Unterrichtsreihen zu nutzen	2,0	2,4	-0,4
Fachwissenschaftliche Methoden zielgruppengerecht einzusetzen	1,9	2,4	-0,5
Fachinhalte über mehrere Schuljahre mit Hilfe des Lehrplans klar zu strukturieren	2,1	2,9	-0,8
Lerninhalte hinsichtlich ihrer aktuellen fachlichen Relevanz auszuwählen	2,0	2,3	-0,4
Didaktische Reduktion für die Vermittlung von Fachinhalten einzusetzen	1,4	2,2	-0,8
Anzahl	2.773	25.609	28.382

Frage I7. In welchem Maße werden Ihrer Erfahrung nach die folgenden Anforderungen des Lehrerberufs an Sie gestellt? Frage I8. In welchem Maße können Sie die folgenden Anforderungen des Lehrerberufs derzeit erfüllen? Antwortskala von 1 = In sehr hohem Maße bis 5 = Gar nicht. Quelle: INCHER-Kassel, KOAB-Absolventenbefragung 2012 (Jahrgang 2010).

3.2 Belastung im beruflichen Alltag

Die Belastungen, die im Alltag des Lehrerberufs auftreten (vgl. auch den vorherigen Abschnitt), werden an vielen Stellen und in vielen unterschiedlichen Medien breit diskutiert (siehe dazu u.a. SPIEGEL 2012a, 2012b; GEW[1]; Schaarschmidt und Kieschke 2005, 2007).

Die Lehramtsabsolventinnen und -absolventen befinden sich zum Zeitpunkt der Befragung seit etwa 1,5 Jahren im Vorbereitungsdienst (und damit in der zweiten Ausbildungsphase der Lehrerausbildung). Diese Phase kennzeichnet sich u.a. durch die Doppelbelastung aus ersten beruflichen Erfahrungen sowie

---

1 Der Themenbereich wird auf der Webseite der Gewerkschaft Erziehung und Wissenschaft (GEW) prägnant behandelt (bspw. http://www.gew.de/Arbeits-_und_ Gesundheitsschutz_an_Schulen.html oder http://www.gew.de/Stressberuf_Lehrer. html).

einer permanenten Prüfungssituation durch beispielsweise Lehrproben und Prüfungen. Zu diesem Zeitpunkt fühlen sie sich am stärksten belastet durch kurzfristigen Zeitdruck und durch Prüfungen, dicht gefolgt von den Aufgaben in Schule und Ausbildung sowie der Menge der täglichen Arbeit. Eher selten resultieren Belastungen hingegen aus direkten Konflikten mit anderen (z. B. mit Ausbilderinnen und Ausbildern, Eltern, der Schülerschaft oder dem Kollegium, vgl. Abbildung 4).

Abbildung 4   Belastungen des Lehrerberufs (arithmetischer Mittelwert)

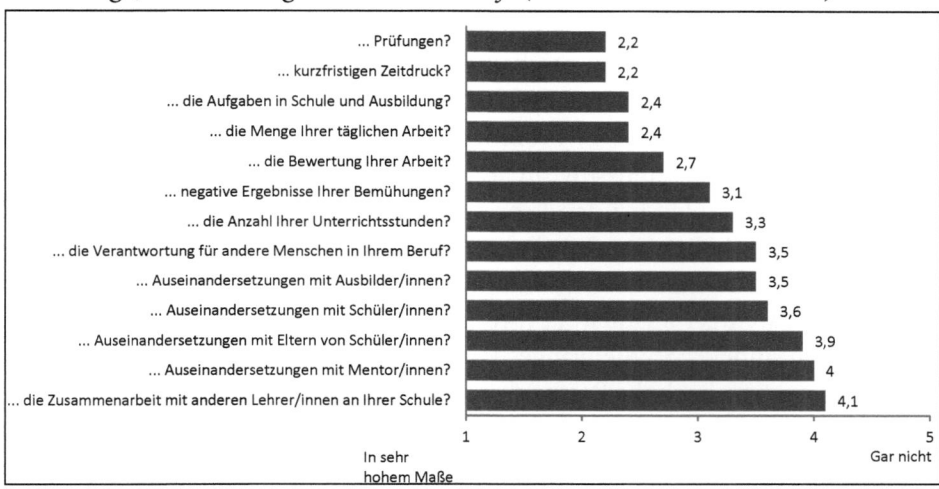

Frage I9. Wie sehr fühlen Sie sich gegenwärtig belastet durch…? Antwortskala von 1 = In sehr hohem Maße bis 5 = Gar nicht.

4   Berufliche Adäquanz

Die Passung von Studium und Beruf wird anhand mehrerer Fragen untersucht. Neben der Betrachtung, inwieweit die im Studium vermittelten Inhalte und Qualifikationen im Beruf genutzt werden, ist gleichfalls von Interesse, ob die Befragten ihre berufliche Situation als ihrem Studium angemessen ansehen.

Lehramtsabsolventinnen und -absolventen berichten von einer wesentlich geringeren Verwendung der im Studium erworbenen Qualifikationen als Absolventinnen und Absolventen anderer Studiengänge. Lediglich 33 Prozent der Lehramtsabsolventinnen und -absolventen bestätigen, dass sie ihre im Studium erworbenen Fertigkeiten und Fähigkeiten in hohem Maße für ihre beruflichen Aufgaben einsetzen können. Bei den Absolventinnen und Absolventen anderer Studiengänge geben dies hingegen mehr als die Hälfte (57 Prozent) an.

Allerding bestätigen überdurchschnittlich viele Lehramtsabsolventinnen und -absolventen einen fachlichen Zusammenhang zwischen ihrem Studium und den aktuellen beruflichen Aufgaben. An dieser Stelle ist natürlich zu berücksichtigen, dass Lehramtsabsolventinnen und -absolventen bestimmte Fächer studieren und im Berufsleben auch dementsprechend eingesetzt werden. Dennoch müssen Lehrkräfte auch fachfremden Unterricht leisten. Vor diesem Hintergrund ist es nicht unerheblich, dass 68 Prozent der Lehramtsabsolventinnen und -absolventen aussagen, dass nur ihre Fachrichtung sie für ihre beruflichen Aufgaben befähigt und nur knapp ein Viertel (23 Prozent) der Meinung ist, dass auch eine andere Fachrichtung sie entsprechend hätte vorbereiten können. Mit dieser Einschätzung unterscheiden sich Lehramtsabsolventinnen und -absolventen teils erheblich von Absolventinnen und Absolventen anderer Studiengänge.

Bei der Frage, ob der erworbene Abschluss für die beruflichen Aufgaben geeignet ist, berichten Lehramtsabsolventinnen und -absolventen eine etwas stimmigere Passung als Absolventinnen und Absolventen anderer Studiengänge. Während im Durchschnitt 75 Prozent aller Absolventinnen und Absolventen aussagen, dass ihr Abschlussniveau am besten für ihre berufliche Aufgaben geeignet ist, ist der Anteil bei den Lehramtsabsolventinnen und -absolventen mit 82 Prozent etwas höher (vgl. Tabelle 10).

Insgesamt sehen Lehramtsabsolventinnen und -absolventen ihre berufliche Situation als weniger adäquat zu ihrer Ausbildung an als Absolventinnen und Absolventen anderer Studiengänge. Während 61 Prozent aller Absolventinnen und Absolventen eine hohe Passung zwischen ihrer Ausbildung und ihrer beruflichen Situation sehen, trifft dies nur auf 49 Prozent der Lehramtsabsolventinnen und -absolventen zu. Gleichzeitig unterscheiden sich Lehramtsabsolventinnen und -absolventen aber kaum vom Durchschnitt, wenn es darum geht, inwieweit die Erwartungen zu Studienbeginn der erreichten beruflichen Situation entsprechen. Etwas mehr als ein Drittel (38 Prozent) der Lehramtsabsolventinnen und -absolventen sind der Meinung, dass ihre berufliche Situation 1,5 Jahre nach dem Abschluss besser ist, als sie zu Studienbeginn erwartet hatten (vgl. Tabelle 11).

Tabelle 10: Zusammenhang zwischen Studium und beruflichen Aufgaben (Prozent; nur Erwerbstätige)

	LABS	Andere	Jg2010
Verwendung im Studium erworbener Qualifikationen			
Hoch (Werte 1 und 2)	33	57	54
Teils, teils (Wert 3)	37	28	29
Gering (Werte 4 und 5)	30	15	17
Beziehung zwischen Studienfach und den beruflichen Aufgaben			
Meine Fachrichtung ist die einzig mögliche/beste Fachrichtung für meine beruflichen Aufgaben	68	43	46
Einige andere Fachrichtungen hätten mich ebenfalls auf meine beruflichen Aufgaben vorbereiten können	23	42	40
Eine andere Fachrichtung wäre nützlicher für meine beruflichen Aufgaben	4	8	8
In meinem beruflichen Aufgabenfeld kommt es gar nicht auf die Fachrichtung an	5	7	6
Geeignetes Abschlussniveau			
Ein höheres Hochschul-Abschlussniveau	8	9	9
Mein Hochschul-Abschlussniveau	82	75	75
Ein geringeres Hochschul-Abschlussniveau	6	9	9
Kein Hochschulabschluss erforderlich	3	8	7

Frage L1: Wenn Sie Ihre heutigen beruflichen Aufgaben insgesamt betrachten: In welchem Ausmaß verwenden Sie Ihre im Studium erworbenen Qualifikationen? Antwortskala von 1 = In sehr hohem Maße bis 5 = Gar nicht. Kernfrage. Frage L2: Wie würden Sie die Beziehung zwischen Ihrem Studienfach und Ihrem derzeitigen beruflichen Aufgabenfeld charakterisieren? Kernfrage. Frage L3: Welches Abschlussniveau ist Ihrer Meinung nach für Ihre derzeitige Beschäftigung am besten geeignet? Kernfrage.
Quelle: INCHER-Kassel, KOAB-Absolventenbefragung 2012 (Jahrgang 2010).

Tabelle 11: Passung von Studium und Beruf (Prozent)

	LABS	Andere	Jg2010
Ausbildungsadäquate berufliche Situation			
Hoch (Werte 1 und 2)	49	62	61
Teils, teils (Wert 3)	31	23	24
Gering (Werte 4 und 5)	20	15	16
Entsprechung von Erwartungen bei Studienbeginn und beruflicher Situation			
Besser (Werte 1 und 2)	38	38	38
Teils, teils (Wert 3)	42	38	39
Schlechter (Werte 4 und 5)	20	23	23

Frage L4: Wenn Sie alle Aspekte Ihrer beruflichen Situation (Status, Position, Einkommen, Arbeitsaufgaben usw.) bezogen auf Ihre derzeitige Beschäftigung berücksichtigen: In welchem Maße ist Ihre berufliche Situation Ihrer Ausbildung angemessen? Antwortskala von 1 = In sehr hohem Maße bis 5 = Gar nicht. Kernfrage. Frage L6: Wenn Sie alle Aspekte Ihrer beruflichen Situation berücksichtigen: Inwieweit entspricht Ihre derzeitige berufliche Situation den Erwartungen, die Sie bei Studienbeginn hatten? Antwortskala von 1 = Viel besser als erwartet bis 5 = Viel schlechter als erwartet. Optionale Frage.
Quelle: INCHER-Kassel, KOAB-Absolventenbefragung 2012 (Jahrgang 2010).

Insgesamt ist die Mehrheit der Lehramtsabsolventinnen und -absolventen (65 Prozent) zufrieden mit ihrer beruflichen Situation und unterscheidet sich mit dieser Einstellung kaum vom Durchschnitt aller Absolventinnen und Absolventen. Lediglich mit dem derzeitigen Einkommen sind die Lehramtsabsolventinnen und -absolventen etwas unzufriedener (Mittelwert 3,5) als Absolventinnen und Absolventen anderer Studiengänge (3,0). Hier muss jedoch berücksichtigt werden, dass sich die deutliche Mehrheit der Lehramtsabsolventinnen und -absolventen im Referendariat und somit immer noch in der Qualifizierungsphase befindet. Wie Mertens, Röbken und Schneider (2011) berichten, erreichen Lehrkräfte im weiteren Berufsverlauf vergleichsweise hohe Nettostundenlöhne. Daher kann die Unzufriedenheit mit dem Einkommen als temporäres Problem angesehen werden, das sich im Karriereverlauf vermutlich nicht fortsetzt.

Tabelle 12: Zufriedenheit mit verschiedenen Aspekten der beruflichen Situation nach Lehramt (arithmetischer Mittelwert; Prozent)

	LABS	Andere	Jg2010
Erreichte berufliche Position	2,5	2,5	2,5
Berufliche Entwicklungsmöglichkeiten	2,4	2,5	2,5
Derzeitiges Einkommen	3,5	3,0	3,1
Gegenwärtige Arbeitsaufgaben	2,5	2,4	2,4
Berufszufriedenheit insgesamt			
Zufrieden (Werte 1 und 2)	65	62	63
Teils, teils (Wert 3)	25	25	25
Unzufrieden (Werte 4 und 5)	11	13	13

Frage M3: Inwieweit sind Sie mit den folgenden Aspekten Ihrer beruflichen Situation zufrieden? Antwortskala von 1 = Sehr zufrieden bis 5 = Sehr unzufrieden. Optionale Frage. Frage M4: Inwieweit sind Sie mit Ihrer beruflichen Situation insgesamt zufrieden? Antwortskala von 1 = Sehr zufrieden bis 5 = Sehr unzufrieden. Kernfrage.
Quelle: INCHER-Kassel, KOAB-Absolventenbefragung 2012 (Jahrgang 2010).

5   Zusammenfassung und Diskussion

Nahezu alle Lehramtsabsolventinnen und -absolventen (94 Prozent) sind nach dem Studium in den Vorbereitungsdienst eingetreten und nur sehr wenige der Befragten (2 Prozent) haben den Vorbereitungsdienst abgebrochen. Der Übergang vom Studium in den Vorbereitungsdienst hat sich für die große Mehrheit der Befragten (71 Prozent) mit einer Zusage für das gewünschte Studienseminar und einer relativ kurzen Wartezeit (2,3 Monate) unproblematisch gestaltet.

In der retrospektiven Bewertung des Studiums wird deutlich, dass vor allem die Vermittlung anhand praktischer Beispiele und Handlungsanweisungen nach Einschätzung der Lehramtsabsolventinnen und -absolventen zu kurz kommt. Ebenfalls auffällig ist die häufige Überschreitung der Regelstudiendauer: Zwei Drittel der Lehramtsabsolventinnen und -absolventen studieren länger als vorgesehen. Als Gründe werden aus Sicht der Befragten auch häufig Aspekte genannt, die in der Verantwortung der Hochschulen liegen (z. B. schlechte Koordination und Überfüllung von Veranstaltungen). Darüber hinaus werden Studienangebote und -bedingungen von Lehramtsabsolventinnen und -absolventen durchgehend schlechter beurteilt als von anderen Absolventinnen und Absolventen, was in einer allgemeinen niedrigeren Studienzufriedenheit resultiert. Hier stellt sich die Frage, ob dies auf eine grundsätzlich negativere Einstellung der Lehramtsabsolventinnen und -absolventen zurückzuführen ist, oder ob tatsächlich Lehramtsstudiengänge durch schlechtere Planung (die auf die große Anzahl der kombinierbaren Studienfächer zurückzuführen sein kann) und größere Überlast (aufgrund der hohen Anzahl an Studierenden) gekennzeichnet sind.

Es zeigt sich auch, dass die im Studium vermittelten Kompetenzen, die die Lehrtätigkeit charakterisieren, nach Einschätzung der Lehramtsabsolventinnen und -absolventen nicht ausreichend auf die berufliche Tätigkeit vorbereiten und sie sich nach etwa 1,5 Jahren Erfahrung im Vorbereitungsdienst überfordert fühlen. Die Doppelbelastung durch die beruflichen Aufgaben in der Schule und den eigenen Prüfungen ist in der zweiten Phase der Lehrerausbildung ebenfalls spürbar. Dennoch ist die Mehrheit der Lehramtsabsolventinnen und -absolventen zufrieden mit ihrer beruflichen Situation. Dies lässt sich unter anderem auf die hohe intrinsische Motivation zurückführen, die Lehramtsabsolventinnen und Lehramtsabsolventen mitbringen (vgl. Wolf 2009).

Ein Erklärungsansatz für die schlechtere Beurteilung von Studienangeboten und -bedingungen und der daraus resultierenden geringen Studienzufriedenheit könnte sein, dass der „Praxisschock" in den ersten Jahren der Berufstätigkeit die rückblickende Bewertung negativ verzerrt. Wenn Lehramtsabsolventinnen und -absolventen mit unrealistischen Erwartungen hinsichtlich ihrer bereits erworbenen Fertigkeiten und Fähigkeiten in das Referendariat gehen, ist es naheliegend, dass rückblickend das Studium für diesbezügliche vermeintliche Defizite als verantwortlich angesehen wird. Der Praxisschock wird auch dadurch verstärkt, dass das Referendariat als zweite Phase der Lehrerausbildung gleichwohl wie das Studium darauf abzielt, auf die spätere berufliche Tätigkeit vorzubereiten. Blömeke (2002) beispielsweise sieht im zweiten Ausbildungsabschnitt ganz deutlich „die Sozialisierung in die Traditionen der Berufspraxis […], bis es in einem dritten Schritt im Berufsleben um die Ausbildung von Professionalität geht". Damit zeigt Blömeke deutlich die Funktion der verschiedenen Ausbildungsphasen auf, die von Berufseinsteigern vielleicht noch nicht so deutlich zu erkennen sind. Das Referendariat muss demnach als Ausbildungsphase, nicht als Phase der Professionalisierung gesehen werden. Ein weiteres Problem innerhalb der Lehrerausbildung, dass den „Praxisschock" begünstigt, ist das vor allem während der universitären Phase des Lehramtsstudiums auftretende „Theorie-Praxis-Problem" (vgl. Well 1999), dem mit mehr „Berufsbezogenheit und mehr Praxis im Studium" (ebd.) begegnet werden könnte. Hier besteht auf Seiten der Hochschulen wieder Handlungsspielraum, indem beispielsweise auf eine ausgewogene Curriculumsgestaltung geachtet wird. Diese sollte sowohl ausreichend didaktische als auch praxisbezogene Anteile beinhalten. Etliche Hochschulen praktizieren bereits seit längerem Studienmodelle mit hohen praxisbezogenen Anteilen (bsw. durch mehrere kurze Praktika im Studium (vgl. Schubarth et al. 2012)), und auch die gesetzlichen Rahmenbedingungen werden derzeit dahingehend modifiziert.[2] Für zukünftige Untersuchungen könnten diese praxisbetonten Lehramtsstudiengänge mit bislang eher traditionell aufgebauten Lehramtsstudiengängen verglichen werden.

Weitere Fragestellungen werden sich anhand der KOAB-Panelstudie beantworten lassen, die drei Jahre nach der ersten Befragung durchgeführt wird. Somit wird es möglich sein, die weitere berufliche Entwicklung von Lehramtsabsolventinnen und -absolventen nachzuvollziehen und bislang unbeantwortete Fragestellungen zu untersuchen. Sinkt das Belastungsempfinden, wenn die Doppelbelastung der zweiten Ausbildungsphase vorbei ist und die Lehrertätigkeit einige Jahre ausgeübt wurde? Wie entwickelt sich mit steigender beruflicher Erfahrung die Berufszufriedenheit? Die mit der Panelstudie vorliegenden Daten werden ermöglichen, die berufliche Entwicklung und Konsolidierung im Arbeitsalltag von Lehramtsabsolventinnen und -absolventen detaillierter nachvollziehen zu können.

Literatur

Blömeke, S. (2002): „Zentren für Lehrerbildung und ihr ihr Beitrag zur Integration der Lehrerausbildungsphasen". In: Hinz, R.; Kiper, H. und Mischke, W. (Hg.): Welche Zukunft hat die Lehrerausbildung in Niedersachsen? Beiträge und Dokumentationen zum Kongress in Oldenburg 9. und 10. November 2001. Hohengehren: Schneider, S. 254–265.

BMBF (2012): Pressemitteilung vom 24. April 2012. URL: http://www.bmbf.de/_media/press/pm_0424–047.pdf (Abrufdatum: 27.01.2013).

Gemeinsame Wissenschaftskonferenz (2012): Qualitätsoffensive Lehrerbildung. URL: http://www.gwk-bonn.de/fileadmin/Papers/Bund-Laender-Vereinbarung-Qualitaets offensive-Lehrerbildung.pdf (Abrufdatum: Juli 2014).

Henecka, H.P. und Lipowsky, F. (2002): „Quo vadis magister? Berufliche Wege von Lehramtsabsolventen". In: Zeitschrift für Pädagogik 3, S. 414–434.

Keller-Schneider, M. (2010): Einwicklungsaufgaben im Berufseinstieg von Lehrpersonen. Beanspruchung durch berufliche Herausforderungen im Zusammenhang mit Kontext- und Persönlichkeitsmerkmalen. Münster: Waxmann.

Kultusministerkonferenz (KMK) (2004): Standards für die Lehrerbildung: Bildungswissenschaften. Berlin, Bonn: KMK.

Kultusministerkonferenz (KMK) (2008): Ländergemeinsame inhaltliche Anforderungen für die Fachwissenschaften und Fachdidaktiken in der Lehrerbildung. Berlin, Bonn: KMK.

---

2 Z.B. wird in Hessen ab dem Wintersemester 2014/15 an mehreren Hochschulen im Rahmen eines Pilotprojektes ein Praxissemester im Lehramtsstudium eingeführt (vgl. Hessisches Lehrerbildungsgesetz in der Fassung vom 28. September 2011).

Landmann, M. (2013): Die Lehrerrolle im Spannungsfeld bildungspolitisch gesetzter Standards und wissenschaftlicher Definitionen. Ein Vorschlag aus der Absolventenforschung für die Evaluation der Lehrerbildung in Deutschland. Leverkusen u. a.: Budrich.

Lipowsky, F. (2006): „Auf den Lehrer kommt es an. Empirische Evidenzen für Zusammenhänge zwischen Lehrerkompetenzen, Lehrerhandeln und dem Lernen der Schüler". In: Allemann-Ghionda, C. und Terhart, E. (Hg.): Kompetenz und Kompetenzentwicklung von Lehrerinnen und Lehrern. Beiheft der Zeitschrift für Pädagogik 51, S. 47–70.

Mertens, A.; Röbken, H. und Schneider, K. (2011): „Ist der Lehrerberuf in Deutschland finanziell attraktiv? Bildungsrenditen von Lehrern und anderen Akademikern im Vergleich". In: Beiträge zur Hochschulforschung 33, H. 3, S. 82–105.

Neugebauer, M. (2013): „Wer entscheidet sich für ein Lehramtsstudium – und warum? Eine empirische Überprüfung der These von der Negativselektion in den Lehrerberuf". In: Zeitschrift für Erziehungswissenschaft 16, H. 1, S. 157–184.

Schaarschmidt, U. und Kieschke, U. (2005): Halbtagsjobber – Psychische Gesundheit im Lehrerberuf. Analyse eines veränderungsbedürftigen Zustandes. Weinheim: Beltz.

Schaarschmidt, U. und Kieschke, U. (2007): Gerüstet für den Schulalltag. Weinheim: Beltz.

Schubarth, W.; Speck, K.; Seidel, A.; Gottmann, C.; Kamm, C. und Krohn, M. (2012): „Das Praxissemester im Lehramt – ein Erfolgsmodell? Zur Wirksamkeit des Praxissemesters im Land Brandenburg". In: Schubarth, W. et al. (Hg.): Studium nach Bologna: Praxisbezüge stärken?! Praktika als Brücke zwischen Hochschulen und Arbeitsmarkt. Wiesbaden: Springer, S. 137 – S69.

SPIEGEL (2012a): Allensbach-Studie: Junglehrer erleben Praxisschock. URL: http://www.spiegel.de/unispiegel/jobundberuf/neue-studie-wie-lehrer-ihre-ausbildung-arbeit-und-motivation-einschaetzen-a-829264.html (Abrufdatum: August 2014).

SPIEGEL (2012b): Junglehrer: Ausgebrannt, bevor es losgeht. URL: http://www.spiegel.de/unispiegel/jobundberuf/verkuerztes-referendariat-angehende-lehrer-leiden-unter-stress-a-826861.html (Abrufdatum: August 2014).

TU Dresden (Hg.) (2007): Lehramt 2007. Die Absolvent/innen der Lehramtsstudiengänge der Abschlussjahrgänge 2000/01–2005/06. Abschlussbericht. TU Dresden.

Vodafone Stiftung Deutschland (2012): Lehre(r) in Zeiten der Bildungspanik. Eine Studie zum Prestige des Lehrerberufs und zur Situation an den Schulen in Deutschland. Vodafone Stiftung Deutschland.

Well, N. (1999): Theorie und Praxis der Lehramtsausbildung. Neuwied: Luchterhand.

Wolf, V. (2009): Studienwahlmotivation und selbstberichteter Studienerfolg: erste Ergebnisse einer Befragung von Kasseler Lehramtsstudierenden. Unveröf. Magisterarbeit.

Züchner, I.; Weishaupt, H. und Rauschenbach, T. (2010): „Lehramtsabschlüsse und Lehrer-Arbeitsmarkt". In: Thole, W. et al. (Hg.): Datenreport Erziehungswissenschaft 2012. Opladen: Barbara Budrich, S. 107–114.

Lars Müller

Ehrenamtliches Engagement als Sozialkapital bei der Beschäftigungssuche?

1 Einleitung

Gleichwohl wie man es nennen mag, bürgerschaftliches oder zivilgesellschaftliches Engagement oder althergebracht Ehrenamt, der freiwilligen gemeinnützigen und unentgeltlichen Tätigkeit wird sowohl für die Gemeinschaft als auch für den Einzelnen ein hohes Potenzial zugesprochen. Auf der Kollektivebene gilt sie als wichtiges Element zur Stärkung der Demokratie (Gensicke und Geiss 2010; Roth 2010).[1] Dem Individuum gibt sie Kompetenzen mit, die in Schule und Studium so nicht zu lernen sind und als zusätzliche Qualifikation im Erwerbsleben dienen (Düx et al. 2008).

Studien zum Freiwilligensurvey[2] bescheinigen den Studierenden eine steigende Nutzenorientierung bei der Aufnahme einer ehrenamtlichen Tätigkeit (Gensicke und Geiss 2010; Picot 2011). Spaß und Gemeinwohl bleiben weiterhin wichtige Motive. Bei Personen unter 30 Jahren ist die „Interessen-Orientierung"[3], d.h. Qualifikation und Nützlichkeit für den späteren Lebensweg, mittlerweile jedoch der wichtigste Faktor. Studierenden kann das Ehrenamt aber ebenso einen direkten Nutzen bringen: Studienstiftungen verlangen für die Vergabe von Stipendien gesellschaftliches Engagement; die Idee des Service-Learning findet Eingang in Lehrpläne an deutschen Hochschulen; freiwilliges Engagement wird in Lehrveranstaltungen integriert und mit Credit-Points belohnt.

Neben den Kompetenzen entstehen bei der zumeist in Gruppen stattfindenden Tätigkeit Kontakte zu anderen Personen (Gensicke und Geiss 2010: 28). Unabhängig davon, ob diese Kontakte bewusst gesucht werden oder ob sie als Nebeneffekte auftreten, soll untersucht werden, inwiefern ehrenamtlich Engagierte bei der Beschäftigungssuche von ihren sozialen Beziehungen profitieren können.

---

1 Einen Überblick über die Bereiche und Entwicklungen des freiwilligen Engagements findet sich in Olk und Hartnuß (2011). Die damit verbundenen Hoffnungen werden durch die Kritik am Abbau des Sozialstaates abgeschwächt, das Ehrenamt ersetze sozialstaatliche Aufgaben.

2 Der Freiwilligensurvey ist eine seit 1999 bundesweit durchgeführte Befragung im Auftrag des Bundesministeriums für Familien, Senioren, Frauen und Jugend (Gensicke und Geiss 2010: 47).

3 Den Faktor „Interessenorientierung" ermittelt Picot (2011: 27) aus Zustimmung zu den Items „Ich will durch meine Engagement auch beruflich vorankommen." und „Ich will mir Qualifikationen erwerben, die im Leben wichtig sind."

Anhand der Daten der KOAB-Absolventenstudien soll untersucht werden, in welchem Maße die erste Beschäftigung nach dem Studium durch Kontakte zu Bekannten gefunden werden kann. Die KOAB-Daten bieten die Möglichkeit zur Verknüpfung von Absolventenstudien, die den Blick auf Studium- und Berufs-verlauf richten, mit darüber hinausgehenden Dimensionen der Bildungs- und Erwerbsbiographie, die eben diesen Verlauf entscheidend beeinflussen können.

Können die Absolventinnen und Absolventen das durch das freiwillige Enga-gement während des Studiums generierte Sozialkapital für die Beschäftigungs-suche nutzen?

Zunächst soll auf einige soziodemographische Merkmale engagierter Studie-render eingegangen werden, auf Besonderheiten im Gegensatz zu nichtengagier-ten Studierenden und mit Blick auf Engagierte im Allgemeinen. Unter Bezug-nahme auf Bourdieus Theorie des Sozialkapitals wird schließlich der Zusammen-hang zwischen Engagement und Wegen der Beschäftigungssuche untersucht.

2   Daten

Als Datengrundlage dient die KOAB-Absolventenbefragung der Absolventinnen und Absolventen des Wintersemesters 2006/2007 und des Sommersemesters 2007. Dieser Jahrgang wurde zunächst im Winter 2008/2009 und ein zweites Mal im Winter 2011/2012 befragt.[4]

Ehrenamtliches Engagement wird in den KOAB-Absolventenstudien nur in der Zweitbefragung erhoben. Dort wird erhoben, ob die Absolventinnen und Ab-solventen während des Studiums und/oder zum Zeitpunkt der Zweitbefragung, d. h. etwa 4,5 Jahre nach Studienabschluss engagiert waren/sind. Für die vorlie-gende Studie ist das Engagement während des Studiums relevant („Haben Sie sich während Ihrer Studienzeit freiwillig bzw. ehrenamtlich in einem der folgen-den Bereiche aktiv engagiert?"). Die Antwortmöglichkeiten entsprechen denen des Freiwilligensurveys. Dort werden zur genauen Klärung des Sachverhalts zwei Fragen gestellt. So kann zum einen geklärt werden, ob es sich um Engagement oder bloßes Mitmachen handelt, zum anderen soll die Gefahr des Antwortens aus sozialer Erwünschtheit gebannt werden (Gensicke und Geiss 2010: 58). Da im KOAB-Fragebogen nur eine Frage gestellt wird, ist ein Vergleich mit den drei Gruppen des Freiwilligensurveys „Nicht-Engagiert und Nicht-Aktiv", „Nicht-Engagiert, aber aktiv" und „Engagiert" so nicht möglich. Es kann lediglich eine Unterteilung in „Engagiert" und „Nicht-Engagiert" erfolgen. Besonders für die Bereiche des Engagements „Sport und Bewegung" und „Kultur und Musik" ist hier fraglich, ob es sich tatsächlich um ehrenamtliches Engagement handelt und

---

4   Die Absolventinnen und Absolventen werden zunächst ca 1,5 Jahre nach Studienab-schluss und nach drei weiteren Jahren noch einmal befragt.

nicht um bloße Aktivität, da die Fallzahlen im Gegensatz zum Freiwilligensurvey deutlich höher sind und weil diese Bereiche inhaltlich offener sind. Diese zwei Bereiche werden daher in den folgenden Auswertungen nicht in die Gruppe des „Ehrenamtlichen Engagements" aufgenommen (Tabelle 1). Somit können 3.248 während der Studienzeit engagierte Absolventinnen und Absolventen ermittelt werden, gegenüber 1.528 Nicht-Engagierten. Besonders beliebt sind Tätigkeiten aus den Bereichen „Freizeit und Geselligkeit", „Außerschulische Jugendarbeit", „sozialer Bereich" und „Politik und politische Interessenvertretung". Damit ergeben sich kleinere Unterschiede in Bezug auf die Gesamtbevölkerung in Deutschland gemäß den Ergebnissen des Freiwilligensurveys. Studierende sind laut KOAB-Daten häufig in politischen Organisationen tätig (Tabelle 1).

Laut Freiwilligensurvey gehört das politische Engagement lediglich zu den „mittleren Bereichen" (Gensicke und Geiss 2010: 7). Das wachsende Engagement junger Menschen im religiösen Bereich wurde bereits von Picot (2011) erwähnt.[5] Ebenso das hohe Engagement der Studierenden im Vergleich mit anderen Bevölkerungsgruppen. Der Bildungsstatus ist insgesamt ein bedeutsamer Faktor für die Erklärung von Engagement.

---

5   Bloße religiöse Aktivität, operationalisiert als Kirchenbesuch, verliert hingegen seine Rolle als zentraler Vermittler sozialer Beziehungen gegenüber Freizeit- und Konsumaktivitäten (Hirschle 2012). Der Autor beschränkt sich jedoch auf junge Katholiken. Konfessionsgebundene Jugendliche (12–25 Jahre) außerhalb der beiden großen christlichen Religionen, zu nennen ist hier der Islam aber auch das orthodoxe Christentum, messen dem Gottesglauben einen immer höheren Stellenwert in ihrem Leben zu (Gensicke 2010).

Tabelle 1   Engagement während der Studienzeit (alle Befragten; Prozent; Mehr-fachnennungen)

Freizeit und Geselligkeit (z. B. in einer Jugendgruppe, Seniorenclub etc.)	18
Sozialer Bereich (z. B. in einem Wohlfahrtsverband, in einer anderen Hilfsorganisation, in einer Selbsthilfeorganisation, etc.)	13
Gesundheitsbereich (z. B. als Helfer in der Krankenpflege oder bei Besuchsdiensten)	3
Bereich Schule oder Kindergarten (z. B. in der Elternvertretung, in einem Förderkreis)	5
Außerschulische Jugendarbeit (z. B. Kinder- oder Jugendgruppen betreuen)	16
Bildungsarbeit für Erwachsene (z. B. Bildungsveranstaltungen durchführen)	7
Umwelt, Naturschutz oder Tierschutz (z. B. in einem entsprechenden Verband oder Projekt)	5
Politik und politische Interessenvertretung (z. B. in einer Partei, im Gemeinderat oder Stadtrat etc.)	10
Berufliche Interessenvertretung (z. B. in einer Gewerkschaft, einem Berufsverband, einer Arbeitsloseninitiative)	4
Im kirchlichen oder religiösen Bereich (z. B. in der Kirchengemeinde, einer kirchlichen Organisation oder einer religiösen Gemeinschaft)	15
Im Bereich der Justiz und der Kriminalitätsprobleme (z. B. als Schöffe oder Ehrenrichter, in der Betreuung von Straffälligen oder Opfern)	4
Im Unfall- oder Rettungsdienst oder in der freiwilligen Feuerwehr	3
Im Bereich sonstiger bürgerschaftlicher Aktivität (z. B. in Bürgerinitiativen oder Arbeitskreisen)	3
Sonstiges	7
Anzahl	4.776

Frage I10: Haben Sie Sich während Ihrer Studienzeit freiwillig bzw. ehrenamtlich in einem der folgenden Bereiche aktiv engagiert?
Quelle: INCHER-Kassel, KOAB-Absolventenbefragung 2012 (Jahrgang 2007).

3   Soziodemographische Merkmale

Tabelle 2   Soziodemographische Merkmale nach Engagement (Prozent)

	Engagiert	Nicht-Engagiert
Frauen	54	60
Akademisches Elternhaus	59	57
Migrationshintergrund	9	11

Quelle: INCHER-Kassel, KOAB-Absolventenbefragung 2012 (Jahrgang 2007).

Betrachtet man die soziodemographische Zusammensetzung der Engagierten (Tabelle 2) ist zu konstatieren, dass Engagierte und Nicht-Engagierte sich wenig unterschieden. Engagierte entstammen nur geringfügig häufiger einem akademischen Elternhaus. Vor allem jedoch der eigene Bildungsstatus, nicht der Status der Eltern, entscheidet (s.o.). Dies entspricht den Ergebnissen des Freiwilligensurveys. Frauen haben einen etwas höheren Anteil in der Gruppe der Nicht-Engagierten. Für das geringere Engagement bei Frauen vermutet Picot (2011: 25) eine Vorverlagerung des Konfliktes zwischen Familie und beruflicher Karriere. Weibliche Studierende müssen ihrer Interpretation zufolge mehr Aufwand für das Studium erbringen, da dies die letzte Chance für den Qualifikationserwerb vor der Familiengründung ist. Zeit für Nebentätigkeiten bleibt so nicht.[6] Dies schließt die Autorin aus Studien zu Wertorientierungen und Familienplanung (Leven et al. 2010). Personen mit Migrationshintergrund[7] wird von Picot (2011) ein steigendes Potenzial zur Teilnahme bescheinigt. Wie dies zu aktivieren wäre, ist noch zu klären. Im Hinblick auf die Studierenden ist zu erwähnen, dass Bildungsausländern die regionale Bindung fehlt, welches ein wichtiges Kriterium für ehrenamtliches Engagement darstellt (Gensicke und Geiss 2010: 23; Picot 2011). Bezüglich der verschiedenen Studienrichtungen (Tabelle 3) ist hervorzuheben, dass Studierende der Sozialwissenschaften sowie Lehramtsstudierende[8] deutlich engagierter sind, während ihre wirtschaftswissenschaftlichen Kommilitoninnen und Kommilitonen unterdurchschnittlich engagiert sind. Düx et al. (2008) konstatieren einen Zusammenhang von Berufswahl im Gesundheits-, Bildungs- und Sozialbereich und ehrenamtlichem Engagement. Ein Studium in den Sozialwissenschaften passt in dieses Bild.

---

6   Zu den verschiedensten Arten der Diskriminierung von Frauen im Zusammenhang mit der Ausübung eines Ehrenamtes siehe Backes (2011).

7   Der Migrationshintergrund ist etwas enger gefasst als im Freiwilligensurvey (Picot 2011). In vorliegender Studie zählen hierzu sowohl Befragte mit ausländischer Staatsangehörigkeit als auch Personen, bei denen beide Elternteile im Ausland geboren sind. Der Geburtsort der Absolventinnen und Absolventen wurde nicht erhoben. Genau wie im Freiwilligensurvey werden Personen mit deutscher Staatsangehörigkeit und nur einem im Ausland geborenen Elternteil nicht zur Kategorie „Migrationshintergrund" gezählt.

8   Mit Blick auf die weiteren Auswertungen ist zu erwähnen, dass Lehramtsstudierende aufgrund ihrer spezifischen Beschäftigungssuche (Referendariat) weniger Chancen besitzen dieses soziale Kapital auch im Sinne der Fragestellung einzusetzen.

Tabelle 3   Fächergruppe des Studiums nach Engagement (Prozent)*

	Engagiert	Nicht-Engagiert	Gesamt
Sprach- und Kulturwissenschaften	69	31	100
Lehramt	75	25	100
Sozialwissenschaften	76	24	100
Wirtschaftswissenschaften	58	42	100
Rechtswissenschaften	69	31	100
Medizin	72	28	100
Mathematik, Naturwissenschaften	63	37	100
Ingenieurwissenschaften	66	34	100
Sonstiges	69	31	100
Gesamt	68	32	100
Anzahl	3.203	1.505	4.708

*Die Fächergruppen orientieren sich an der Einteilung des statistischen Bundesamtes. Die Gruppe der „Rechts-, Wirtschafts-, und Sozialwissenschaften" wurde jedoch differenziert. Zudem wurde die Gruppe „Lehramt" gebildet. „Agrar-, Forst-, Haushalts-, und Ernährungswissenschaften" fließen in die Gruppe „Sonstiges".
Quelle: INCHER-Kassel, KOAB-Absolventenbefragung 2012 (Jahrgang 2007).

4   Ehrenamtliches Engagement als soziales Kapital

Die Motive für ein ehrenamtliches Engagement werden in den KOAB-Absolventenstudien nicht erfragt. Mit den Auswertungen des Freiwilligensurveys wird unterstellt, dass Studierende sowohl aus persönlichem Vergnügen, aus Gemeinsinn und aus Nützlichkeitserwägungen freiwillig tätig sind (Picot 2011). Freiwilligentätigkeit wird als Indikator für vorhandenes Sozialkapital gesehen (Bühlmann und Freitag 2007).[9] Individuen können dieses Kapital als Ressource nutzen, z. B. zur Beschäftigungssuche.

Das Leben ist laut Bourdieu (1983) durch die Verteilungsstruktur des Kapitals entscheidend geprägt. Wobei Bourdieu in ökonomisches, kulturelles, soziales sowie symbolisches Kapital unterscheidet. Das soziale Kapital beruht auf der Zugehörigkeit zu einer Gruppe und wird definiert als „die Gesamtheit der aktuellen und potenziellen Ressourcen, die mit dem Besitz eines dauerhaften Netzes von mehr oder weniger institutionalisierten Beziehungen gegenseitigen Kennen oder Anerkennens verbunden sind" (Bourdieu 1983: 190). In institutionalisierter Form tritt das soziale Kapital beispielsweise in Adelstiteln auf. Die Individuen müssen Zeit und Geld in das Netzwerk investieren, um es später als Ressource nutzen zu

---

9   Einen Überblick über Anwendungen dieses schillernden Begriffes Sozialkapital findet sich in Franzen und Freitag (2007).

können. Sozialkapital muss immer wieder erneuert werden. Dies kann bewusst sowohl in „Elite-Clubs" (Bourdieu 1983: 192) geschehen als auch unbewusst. Das soziale Kapital kann schließlich in ökonomisches Kapital transformiert werden. In unserem Fall bedeutet dies, dass Engagierte ihre Kontakte nutzen können, um eine Beschäftigung zu finden. Das Netzwerk und dessen Gesamtkapital fungiert zum einen als Element der Kreditwürdigkeit, zum anderen werden so zusätzliche, eventuell schwer zugängliche Informationen erschlossen. Coleman (1988) spricht in seiner Theorie zum Sozialkapital ebenfalls von Ressourcen, die den Akteuren gewisse Handlungen ermöglichen bzw. erleichtern. Das Sozialkapital tritt nach Coleman in Form von Informationskanälen und Gutschriften („credit slips") auf und dient zugleich der Aufrechterhaltung von Normen. Bourdieu betont jedoch eher den Aspekt der Verschleierung. Um Freundschaften nutzen zu können, müssen sie als Selbstzweck erscheinen, eine mögliche Nutzenorientierung sozialer Beziehungen darf von den Akteuren nicht zu deutlich formuliert werden (Bourdieu 1983: 196). Sowohl mit Bourdieu als auch mit Coleman könnte man im Hinblick auf die KOAB-Befragung somit annehmen, dass Engagierte häufiger über Kontakte eine Beschäftigung finden als Nicht-Engagierte.

Um den Zusammenhang von Sozialkapital und Beschäftigungssuche zu untersuchen, stehen in der KOAB-Befragung drei Fragen zur Verfügung. Zunächst wird das Suchverhalten erhoben und dann – und dies ist am wichtigsten – die erfolgreiche Suchstrategie. Zudem wird erfragt, welche Rekrutierungskriterien des ersten Arbeitgebers nach Studienabschluss aus Sicht der Absolventinnen und Absolventen für ihre Einstellung mutmaßlich ausschlaggebend war. Des Weiteren werden mit Fragen zu Praktika und Auslandsaufenthalten die berufsbezogenen Aktivitäten neben dem Studium erhoben.

5　　Ergebnisse

Von den Befragten, die eine freiwillige Tätigkeit ausüben, waren 82 Prozent nach Abschluss des Studiums auf Beschäftigungssuche, bei den Nicht-Engagierten 83 Prozent. Es lassen sich unterschiedliche Gründe dafür finden, nicht aktiv nach einer Beschäftigung zu suchen. Engagierte nehmen häufiger eine selbstständige Tätigkeit auf und nehmen zudem etwas häufiger ein weiteres Studium auf (Tabelle 4). Nicht-Engagierte finden etwas häufiger (30 Prozent vs. 23 Prozent) auch ohne Suche eine Beschäftigung. Dies lässt sich zum Teil jedoch durch die unterschiedliche Fächerstruktur erklären. Absolventinnen und Absolventen der Wirtschaftswissenschaften und der Ingenieurwissenschaften finden häufiger einen Job ohne zu suchen als etwa Absolventinnen und Absolventen der Sozialwissenschaften. Aber eben diese Fächer unterscheiden sich nach Engagement (Tabelle 3).

Tabelle 4   Gründe für das Nicht-Suchen einer Beschäftigung (Prozent; Mehrfach-
*   nennungen; nur Befragte, die keine Beschäftigung gesucht haben)*

	Engagiert	Nicht-Engagiert	Gesamt
Ich habe weiter studiert/promoviert	59	54	57
Ich habe nach dem Studienab- schluss eine berufliche Tätigkeit fortgeführt, die ich vorher hatte	21	20	21
Ich habe eine Beschäftigung gefunden, ohne zu suchen	23	30	25
Ich habe eine selbständige/freibe- rufliche Tätigkeit aufgenommen	9	3	7

Frage F2: Warum haben Sie keine Beschäftigung gesucht?
Quelle: INCHER-Kassel, KOAB-Absolventenbefragung 2012 (Jahrgang 2007).

5.1   Wege der Beschäftigungssuche

Beim Betrachten der Suchprofile (Tabelle 5) ist festzustellen, dass Engagierte
und Nicht-Engagierte sich nur geringfügig unterscheiden. Entscheidend für die
Beurteilung, inwiefern das Sozialkapital genutzt wurde, ist die Antwortmöglichkeit „Mit Hilfe von Freunden, Bekannten oder Kommilitonen". Beide Gruppen
nutzen diese Möglichkeit der Stellensuche in fast gleichem Maße (25 bzw. 23 Prozent). Am häufigsten wird die „Bewerbung auf ausgeschriebene Stellen" genutzt.
Vielfältige Möglichkeiten der Beschäftigungssuche werden ausgeschöpft, z. B. der
eigenständige Kontakt zu Arbeitgebern, der Erwerb von Kompetenzen und Kontakten durch Praktika oder die Vermittlung durch die Bundesagentur für Arbeit.
Auf die Hilfe der Hochschulen setzen weder Engagierte noch Nicht-Engagierte
in besonderem Maße.

Tabelle 5　Wege der Beschäftigungssuche nach Studienabschluss (Prozent; Mehr-
*　　　　　fachnennungen)*

	Engagiert	Nicht-Engagiert	Gesamt
Bewerbung auf ausgeschriebene Stellen	70	74	71
Eigenständiger Kontakt zu Arbeitgebern (Blindbewerbung/Initiativbewerbung)	52	50	51
Firmenkontaktmesse	14	14	14
Ein Arbeitgeber ist an mich herangetreten	21	19	20
Durch Praktika während des Studiums	27	25	27
Durch Praktika nach dem Studium	7	6	7
Durch das Arbeitsamt/die Bundesagentur für Arbeit	18	21	19
Durch private Vermittlungsagenturen	5	7	6
Mit Hilfe der Hochschule	4	5	5
Durch Studien- oder Abschlussarbeit	12	11	12
Mit Hilfe von Freunden, Bekannten oder Kommilitonen	25	23	24
Mit Hilfe von Eltern oder Verwandten	9	9	9
Sonstiges *	18	16	17

Frage F4: Wie haben Sie nach Studienabschluss versucht, eine Beschäftigung zu finden?
*Der recht hohe Anteil „sonstiger" Beschäftigungssuche liegt in der nicht vorhandenen Antwortmöglichkeit „Referendariat/Vorbereitungsdienst" begründet, was immerhin 40 Prozent der Befragten mit „sonstiger" Beschäftigungssuche als offene Angabe hinzufügen.
Quelle: INCHER-Kassel, KOAB-Absolventenbefragung 2012 (Jahrgang 2007).

5.2　Erfolgreicher Weg der Beschäftigungssuche

Insgesamt betrachtet ist die Suche bei Engagierten und Nicht-Engagierten gleichermaßen erfolgreich: Jeweils 5 Prozent der Befragten geben an zum Zeitpunkt der Erstbefragung noch keine Beschäftigung gefunden zu haben (Tabelle 6). Zudem gibt es nur kleinere Unterschiede bezüglich der Suchdauer (Tabelle 7). Von beiden Gruppen wird die „Bewerbung auf ausgeschriebene Stellen" am häufigsten als erfolgreicher Weg der Beschäftigungssuche genannt (Tabelle 6). Die Nicht-Engagierten nutzen diesen Weg etwas erfolgreicher, die Engagierten können durch Initiativbewerbungen punkten. Die Hilfe von Freunden, die zwar gerne in Anspruch genommen wird, kann sowohl von den Engagierten als auch von den Nicht-Engagierten nur in geringem Umfang genutzt werden. Die von Franzen und Hangartner (2005) konstatierte hohe Bedeutung des Sozialkapitals bei Absolventinnen und Absolventen kann, selbst wenn die Kontakte zu Verwandten hinzugezählt werden, in dieser Studie nicht bestätigt werden. Hinweise für einen besonders erfolgreichen Gebrauch des Sozialkapitals können bei den Engagierten also nicht gefunden werden.

Tabelle 6   Erfolgreicher Weg der Beschäftigungssuche (Prozent; nur Befragte, die eine Beschäftigung gesucht haben)

	Engagiert	Nicht-Engagiert	Gesamt
Bewerbung auf ausgeschriebene Stellen	36	43	38
Eigenständiger Kontakt zu Arbeitgebern (Blindbewerbung/Initiativbewerbung)	17	14	16
Firmenkontaktmesse	1	2	1
Ein Arbeitgeber ist an mich herangetreten	9	10	10
Durch Praktika während des Studiums	6	4	5
Durch Praktika nach dem Studium	2	2	2
Durch das Arbeitsamt/die Bundesagentur für Arbeit	1	1	1
Durch private Vermittlungsagenturen	1	1	1
Mit Hilfe der Hochschule	1	1	1
Durch Studien- oder Abschlussarbeit	3	3	3
Mit Hilfe von Freunden, Bekannten oder Kommilitonen	5	5	5
Mit Hilfe von Eltern oder Verwandten	1	1	1
Sonstiges	12	10	12
Noch keine Beschäftigung gefunden	5	5	5
Gesamt	100	100	100
Anzahl	1.797	840	2.637

Frage F5: Welche Vorgehensweise führte zu Ihrer ersten Beschäftigung nach Studienabschluss?
Quelle: INCHER-Kassel, KOAB-Absolventenbefragung 2012 (Jahrgang 2007).

Tabelle 7   Dauer der Suche für die erste Beschäftigung nach Studienabschluss (in Monaten) nach Engagement (Prozent; nur Befragte, die eine Beschäftigung gesucht und gefunden haben)

	Engagiert	Nicht-Engagiert	Gesamt
Weniger als 1 Monat	19	17	18
1 bis 3 Monate	52	53	52
4 bis 6 Monate	19	21	19
7 bis 12 Monate	9	8	9
Mehr als 12 Monate	3	2	2

Frage F5: Wie viele Monate hat Ihre Suche nach einer ersten Beschäftigung insgesamt gedauert?
Quelle: INCHER-Kassel, KOAB-Absolventenbefragung 2012 (Jahrgang 2007).

Die Gründe, die laut Absolventinnen und Absolventen für den Arbeitgeber bei der Einstellung wichtig waren, unterscheiden sich nur teilweise nach Engagement (Tabelle 8). Beide Gruppen gaben an, dass die Studienfachkombination bzw. der Studiengang sowie praktische Erfahrungen die wichtigsten Einstellungsgründe waren. Engagierte gaben häufiger als Nicht-Engagierte an, dass Auslandserfahrungen und die Empfehlungen von Dritten den Ausschlag gaben.

Engagierte sehen in ihrer Reputation bei ihren sozialen Kontakten ein wichtiges Einstellungskriterium für den Arbeitgeber. Dies weist darauf hin, dass das Sozialkapital durchaus eine Rolle spielen könnte. Fachkenntnisse (Studiengang), praktische und berufliche Erfahrungen und Schlüsselqualifikationen (Fremdsprachen) sind insgesamt betrachtet jedoch wichtiger. Die Wichtigkeit der „Persönlichkeit" bestätigt den Stellenwert der persönlichen Kompetenzen, wie „Verantwortungsbewusstsein, Einsatzbereitschaft und selbstständiges Arbeiten", die bei der Entscheidung des Arbeitgebers eine sehr wichtige Rolle spielen (IHK Dresden 2004).

Während des Studiums bieten sich den Studierenden durch Praktika oder Auslandsaufenthalte Möglichkeiten zum Kompetenzerwerb und zum Aufbau eines Netzwerks. Da sowohl die praktischen und beruflichen Erfahrungen einen hohen Stellenwert bei der Beschäftigungssuche haben als auch den fremdsprachlichen Zusatzqualifikationen eine gewisse Wichtigkeit eingeräumt wird (Tabelle 8), soll nun abschließend betrachtet werden, ob Engagierte diesbezüglich schon während des Studiums aktiver sind als ihre nicht engagierten Kommilitoninnen und Kommilitonen.

Tabelle 8   Rekrutierungskriterien des Arbeitgebers in der ersten Beschäftigung
nach Engagement (Prozent; Antwortkategorien zusammengefasst)

	Engagiert	Nicht-Engagiert	Gesamt
Studienfach(kombination)/Studiengang			
Wichtig (Werte 1 und 2)	78	78	78
Teils, teils (Wert 3)	12	10	11
Nicht wichtig (Werte 4 und 5)	11	12	11
Gesamt	100	100	100
Praktische/berufliche Erfahrungen			
Wichtig (Werte 1 und 2)	71	69	70
Teils, teils (Wert 3)	14	19	16
Nicht wichtig (Werte 4 und 5)	15	12	14
Gesamt	100	100	100
Auslandserfahrungen			
Wichtig (Werte 1 und 2)	33	23	30
Teils, teils (Wert 3)	15	15	15
Nicht wichtig (Werte 4 und 5)	52	62	55
Gesamt	100	100	100
Fremdsprachenkenntnisse			
Wichtig (Werte 1 und 2)	47	43	46
Teils, teils (Wert 3)	20	22	20
Nicht wichtig (Werte 4 und 5)	34	35	34
Gesamt	100	100	100
Empfehlungen/Referenzen von Dritten			
Wichtig (Werte 1 und 2)	41	33	39
Teils, teils (Wert 3)	19	19	19
Nicht wichtig (Werte 4 und 5)	40	48	43
Gesamt	100	100	100
Persönlichkeit			
Wichtig (Werte 1 und 2)	89	86	88
Teils, teils (Wert 3)	7	10	8
Nicht wichtig (Werte 4 und 5)	4	4	4
Gesamt	100	100	100
Anzahl	1.616	814	2.434

Frage G3: Wie wichtig waren aus Ihrer Sicht die folgenden Aspekte für Ihren ersten Arbeitgeber nach Studienabschluss bei der Entscheidung, Sie zu beschäftigen? Antwortskala von 1 = Sehr wichtig bis 5 = Gar nicht wichtig.
Quelle: INCHER-Kassel, KOAB-Absolventenbefragung 2012 (Jahrgang 2007).

Tabelle 9   Teilnahme an (Berufs-)Praktika im Studium (Prozent; Mehrfachnen-
nungen)

	Engagiert	Nicht-Engagiert	Gesamt
Ja, Pflichtpraktika/um	63	59	62
Ja, freiwillige/s Praktika/um	46	38	44
Nein, kein Praktikum	16	21	18

Frage C9: Haben Sie während Ihres Studiums (Berufs-)Praktika absolviert (nicht gemeint sind
Laborpraktika, praktische Lehrveranstaltungen u. Ä.)?
Quelle: INCHER-Kassel, KOAB-Absolventenbefragung 2012 (Jahrgang 2007).

Engagierte nutzen vor allem die Möglichkeit eines freiwilligen Praktikums häu-
figer (Tabelle 9) und müssen etwas häufiger ein Pflichtpraktikum absolvieren.
Auslandsaufenthalte geben 43 Prozent der Engagierten an, im Gegensatz zu 33
Prozent der Nicht-Engagierten. Während dies von beiden Gruppen selten zu Zwe-
cken der Erwerbstätigkeit unternommen wird, verbinden die Engagierten dies
etwas häufiger mit einem Praktikum (Tabelle 10) oder auch mit dem Erwerb von
Zusatzqualifikationen (Sprachkurs). Engagierte weisen also im Hinblick auf den
Erwerb weiterer Kompetenzen und Kontakte ein etwas aktiveres Verhalten auf.

Tabelle 10   Zweck des Auslandsaufenthaltes während des Studiums (Prozent;
Mehrfachnennungen; nur Befragte, die während ihres Studiums eine
Zeit im Ausland verbracht haben)

	Engagiert	Nicht-Engagiert	Gesamt
Auslandssemester	23	19	22
Studienprojekt	5	2	4
Praktikum	20	13	18
Erwerbstätigkeit	3	3	3
Sprachkurs	9	6	8
Längere Reise	7	5	6
Sonstiges	8	5	7

Frage C17: Welchen Zweck hatte Ihr Auslandsaufenthalt und wie lange dauerte er?
Quelle: INCHER-Kassel, KOAB-Absolventenbefragung 2012 (Jahrgang 2007).

6   Fazit

Nicht das freiwillige Engagement außerhalb der Universität wird belohnt, sondern vor allem der herkömmliche Weg der Beschäftigungssuche, die Bewerbung
auf ausgeschriebene Stellen sowie der eigenständige Kontakt zu potenziellen Arbeitgebern. In Maßen werden den Kontakten zu Dritten und darauf beruhenden
Referenzen positive Wirkungen auf spätere Arbeitgeber zugesprochen. Vor allem

die Engagierten erwähnen die Empfehlungen von Dritten als hilfreich bei der Jobsuche. Freunde und Bekannte können für einen kleinen Teil der Absolventinnen und Absolventen bei der Beschäftigungssuche hilfreich sein, werden aber von beiden Gruppen gerne genutzt. In Anlehnung an Granovetter (1973), der von „weak ties" und „strong ties" spricht, könnten die Kontakte des Engagements also als bloße „fun ties" bezeichnet werden, während praktische und berufliche Erfahrungen und Kontakte „qualification ties" sind. In letzteren kann die Qualität des „Matches" von Person und Position (Voss 2007) unter Beweis gestellt werden, bloßes Kennen von Leuten reicht nicht aus. Engagierte haben also keinen „nützlicheren" Bekanntenkreis, der nach Belieben instrumentalisiert werden kann. Nützliche Kontakte und Kulturkapital[10] gibt es in direkt berufsbezogenem Engagement, z. B. im Praktikum, wo das Potenzial der Absolventinnen und Absolventen schon vorab getestet werden kann. Hier sind die Engagierten aktiver als die Nicht-Engagierten. Sie absolvieren häufiger ein Praktikum und nutzen Auslandsaufenthalte, um berufliche Erfahrungen und sprachliche Kompetenzen zu erlangen.

Einer Studie von Franzen und Hangartner (2005) zufolge bringen über Sozialkapital gewonnene Jobs keine höheren monetären Erträge im Berufsleben. Sie können jedoch positiven Einfluss auf die Arbeitszufriedenheit ausüben. Ebenso berichten Düx et al. (2008), dass Engagement in der Jugend keinen Einfluss auf das spätere Einkommen hat und nur in besonderen Fällen auf das Berufsprestige. Die Zufriedenheit der in der Jugend Engagierten ist jedoch höher als die der Nicht-Engagierten. Es bleibt zu prüfen, als Erweiterung des Modells von Franzen und Hangartner (2005), ob Sozialkapital bestehend aus der Interaktion von „Engagement" und „Erfolgreiche Beschäftigungssuche" einen monetären oder nicht monetären Vorteil bringen kann. Zudem wären in zukünftigen Studien die genauen Motivlagen eines Ehrenamts und die Lebensstile der Studierenden der verschiedenen Fachrichtungen zu untersuchen.

Literatur

Backes, G.M. (2011): „Geschlechterdifferenz im Engagement". In: Olk, T. und Hartnuß, B. (Hg.): Handbuch Bürgerschaftliches Engagement. Weinheim: Juventa, S. 65–75.

Bourdieu, P. (1983): „Ökonomisches Kapital, kulturelles Kapital, soziales Kapital". In: Kreckel, R. (Hg.): Soziale Ungleichheiten. Sonderband 2, Soziale Welt. Göttingen: Schwartz, S. 183–198.

---

10 In unserem Fall könnten dies etwa Praktikumszeugnisse sein. Laut Bourdieu (1983) sind schulische und berufliche Erfolgsnachweise die institutionalisierte Form des kulturellen Kapitals, welches sich ebenso wie das soziale Kapital unter bestimmten Voraussetzungen in ökonomisches Kapital transformieren lässt.

Bühlmann, M. und Freitag, M. (2007): „Freiwilligentätigkeit als Sozialkapital: eine empirische Analyse zu den Rahmenbedingungen bürgerschaftlichen Vereinsengagements". In: Franzen, A. und Freitag, M. (Hg.): Sozialkapital. Grundlagen und Anwendungen, Sonderheft 47/2007, Kölner Zeitschrift für Soziologie und Sozialpsychologie. Wiesbaden: VS Verlag für Sozialwissenschaften, S. 163–182.

Coleman, J. (1988): „Social Capital in the Creation of Human Capital". In: American Journal of Sociology, Vol. 94, Supplement: Organizations and Institutions. Sociological and Economic Approaches to the Analysis of Social Structure, S. 95–120.

Düx, W.; Prein, G.; Sass, E. und Tully, C.J. (2008): Kompetenzerwerb im freiwilligen Engagement. Eine empirische Studie zum informellen Lernen im Jugendalter. Wiesbaden: VS Verlag für Sozialwissenschaften.

Franzen, A. und Freitag, M. (Hg.) (2007): Sozialkapital. Grundlagen und Anwendungen, Sonderheft 47/2007, Kölner Zeitschrift für Soziologie und Sozialpsychologie. Wiesbaden: VS Verlag für Sozialwissenschaften.

Franzen, A. und Hangartner, D. (2005): „Soziale Netzwerke und Beruflicher Erfolg: Eine Analyse des Arbeitsmarkteintritts von Hochschulabsolventen". In: Kölner Zeitschrift für Soziologie und Sozialpsychologie, 57, S. 443–465.

Gensicke, T. (2010): „Wertorientierungen, Befinden und Problembewältigung". In: Shell Deutschland Holding GmbH (Hg.): Jugend 2010. Eine pragmatische Generation behauptet sich. Frankfurt am Main: Fischer, S. 187–242.

Gensicke, T. und Geiss, S. (2010): Hauptbericht des Freiwilligensurveys 2009: Zivilgesellschaft, soziales Kapital und freiwilliges Engagement in Deutschland 1999–2004 – 2009. München: TNS Infratest Sozialforschung.

Granovetter, M. (1973): „The Strength of Weak Ties". In: American Journal of Sociology, Vol. 78, S. 1360–1380.

Hirschle, J. (2012): „Religiöser Wandel in der Konsumgesellschaft". In: Soziale Welt, 63(2), S. 141–162.

Industrie- und Handelskammer Dresden (2004): Ergebnisse einer Umfrage bei IHK-Betrieben des Kammerbezirkes Dresden und in ganz Deutschland: Erwartungen der Wirtschaft an Hochschulabsolventen. Dresden: IHK.

Leven, I.; Quenzel, G. und Hurrelmann, K. (2010): „Familie, Schule, Freizeit. Kontinuitäten im Wandel". In: Shell Deutschland Holding GmbH (Hg.): Jugend 2010. Eine pragmatische Generation behauptet sich. Frankfurt am Main: Fischer, S. 53–128.

Olk, T. und Hartnuß, B. (Hg.) (2011): Handbuch Bürgerschaftliches Engagement. Weinheim: Juventa.

Picot, S. (2011): Jugend in der Zivilgesellschaft. Freiwilliges Engagement Jugendlicher von 1999 bis 2009, Kurzbericht. URL: http://www.bertelsmann-stiftung.de/ bst/de/media/ xcms_bst_dms_34027_34729_2.pdf [Abrufdatum: 30.01.2013].

Roth, R. (2010): „Engagementförderung als Demokratiepolitik: Berücksichtigung einer Reformbaustelle". In: Olk, T.; Klein, A. und Hartnuß, B. (Hg.): Engagementpolitik. Die Entwicklung der Zivilgesellschaft als politische Aufgabe. Wiesbaden: VS Verlag für Sozialwissenschaften, S. 611–636.

Voss, T. (2007): „Netzwerke als soziales Kapital im Arbeitsmarkt". In: Franzen, A. und Freitag, M. (Hg.): Sozialkapital. Grundlagen und Anwendungen, Sonderheft 47/2007, Kölner Zeitschrift für Soziologie und Sozialpsychologie. Wiesbaden: VS Verlag für Sozialwissenschaften, S. 321–342.

Choni Flöther

At the Top? Die berufliche Situation promovierter Absolventinnen und Absolventen

In Deutschland ist die Promotion nicht nur ein wichtiger Qualifikationsschritt für eine Karriere in der Wissenschaft, sondern auch für Karrierewege außerhalb des Wissenschaftsbetriebs (vgl. Auriol 2010; Janson et al. 2007). In welchem Maße eine Promotion für die berufliche Laufbahn sinnvoll oder gar erforderlich ist, ist in den einzelnen Disziplinen und Wirtschaftsbereichen sehr unterschiedlich. So wird in einigen Fächern die Promotion als quasi-„normaler" Abschluss des Studiums gesehen, beispielsweise in der Chemie. In den Ingenieur- und Wirtschaftswissenschaften ist der Anteil der promovierten Absolventinnen und Absolventen hingegen vergleichsweise gering. In der Medizin nehmen Promotionen sowohl hinsichtlich der Bedeutung des Doktortitels als auch der Strukturierung der Promotionsphase eine Sonderrolle ein.

Frühere Studien zu Berufsverlauf und beruflichem Erfolg von Promovierten haben deutlich gemacht, dass die Berufs- und Karrierechancen der Promovierten weitgehend positiv sind (vgl. Enders und Bornemann 2001). Das bedeutet nicht, dass die Karrierewege von Promovierten gänzlich unproblematisch sind. Insbesondere nach Fächern und den damit assoziierten Arbeitsmärkten zeigen sich unterschiedliche Perspektiven, aber auch die grundsätzliche Benachteiligung von Frauen auf dem Arbeitsmarkt setzt sich auf dem hohen Qualifikationsniveau der Promotion fort (vgl. BMBF 2008: 81). Besonders in der Diskussion sind die Arbeitsbedingungen innerhalb der Hochschulen, bei der unter anderem die unsicheren Berufslaufbahnen mit befristeten Beschäftigungen, das Fehlen von Karrierewegen unterhalb der Professur oder die Abhängigkeit wissenschaftlicher Mitarbeiterinnen und Mitarbeiter von Lehrstuhlinhabern thematisiert wird (vgl. u. a. BMBF 2008: 15; Kehm 2010; Kreckel 2008; Grühn et al. 2009). Aber Schwierigkeiten, die für einen Teil der Arbeitnehmerinnen und Arbeitnehmer mit geringerem Qualifikationsniveau festgestellt werden – wie lange Erwerbslosigkeit, qualifikationsferne Beschäftigung, geringe Bezahlung – sind für Hochschulabsolventen vergleichsweise selten ein Problem und für Promovierte noch seltener. Die tatsächlichen Berufslaufbahnen sind vielfältig und entsprechen, so Enders und Bornemann (2001: 138), „weder dem oft bemühten Bild vom promovierten Taxifahrer noch dem gradlinigen Aufstieg zur C4-Professur".

Neben dem Verbleib von promovierten Absolventinnen und Absolventen geben Absolventenstudien auch Aufschluss über die berufliche Situation von Promovierenden (d. h. Doktorandinnen und Doktoranden). Für viele Promovierende bedeutet die Promotionsphase eine Vermischung von Qualifikationsphase und Erwerbstätigkeit. Für diese Personen ergibt sich eine besondere Situation, bei der sich insbesondere bei einer Tätigkeit im Hochschulbereich die Frage nach den Beschäftigungsbedingungen stellt. Quälen sich Promovierende zunächst durch eine berufliche Durststrecke, bevor sie (vermeintlich) besseren beruflichen Aussichten nach der erfolgreichen Promotion entgegen sehen? Im Folgenden werden deshalb Ergebnisse aus beiden Phasen der Promotion dargestellt: a) zur Promotionsphase und b) zur beruflichen Situation von promovierten Absolventinnen und Absolventen. Für die promovierten Absolventinnen und Absolventen werden soziodemographische Daten dargestellt, die Beschäftigungssituation während der Promotion, der Erhalt von Stipendien, die Dauer des Berufseinstiegs und die berufliche Situation rund 1,5 Jahre nach Abschluss der Promotion. Bei der beruflichen Situation interessiert bei beiden Subgruppen auch der Vergleich mit Hochschulabsolventen, die nicht promovieren oder eine Promotion abgeschlossen haben.

Die Promovierenden sind in der KOAB-Befragung enthalten, da sie aufgrund ihres Abschlusses, welcher der Promotion vorangegangen ist (Master, Diplom etc.), zur Befragung eingeladen wurden. Die vorliegenden Auswertungen basieren auf den Antworten von 3.834 Absolventinnen und Absolventen, die zum Befragungszeitpunkt promovierten. Bereits Promovierte wurden hingegen gezielt als Absolventinnen und Absolventen eines Promotionsabschlusses zur Befragung eingeladen. Der Zeitpunkt der Promotion liegt bei ihnen analog zu den anderen Befragten ca. 1,5 Jahre zurück. Der Fragebogen wurde an die Situation der Promovierten angepasst und enthält einige zusätzliche Fragen, hingegen weniger Fragen zur Studiensituation. Nicht alle Universitäten, die an der KOAB-Studie teilnehmen, haben auch ihre Promovierten in die Befragung einbezogen. Die folgenden Ergebnisse zu Promovierten enthalten somit die Antworten von 1.266 promovierten Absolventinnen und Absolventen von 18 Universitäten.

1   Die Promotionsphase

Betrachtet man die Absolventinnen und Absolventen, die im Jahr 2010 einen Studienabschluss erreicht haben, der zur Promotion befähigt, so geben von ihnen 25 Prozent an, dass sie nach dem Studienabschluss eine Promotion begonnen haben.[1] Je nach Hochschultyp, Abschlussart und Studienfach sind die Übergangsquoten in die Promotionsphase recht verschieden. Unter den Ab-

---

1   Ein Bachelorabschluss wird hier als nicht grundsätzlich promotionsbefähigender Abschluss eingestuft, so dass die Bachelorabsolventen hier nicht einbezogen wurden. Anhand der Befragungsdaten lässt sich dennoch feststellen, dass ein Prozent der Bachelorabsolventinnen und -absolventen von Universitäten angeben, dass sie ohne ein

solventinnen und Absolventen der Fachhochschulen ist eine Promotion relativ selten. Obwohl das Promotionsrecht nach wie vor den Universitäten vorbehalten ist, zeigt sich allerdings deutlich, dass mit der Einführung der Masterstudiengänge und der Promotionsberechtigung mit einem Fachhochschulmaster (vgl. KMK 2000) die Aufnahme einer Promotion bei den FH-Absolventinnen und -absolventen deutlich angestiegen ist. Nahmen von den FH-Absolventinnen und -absolventen mit Diplom nur ein Prozent eine Promotion auf, sind es von den FH-Masterabsolventinnen und -absolventen zehn Prozent (vgl. Abb. 1). Bei den Universitätsabsolventen ist der Übergang in eine Promotion erwartungsgemäß bei Staatsexamensabsolventen (ohne Lehramt) am höchsten (59 Prozent), aber auch bei den Diplom- und Masterabsolventinnen und -absolventen ist der Anteil mit 30 bzw. 39 Prozent relativ hoch. Lehramtsabsolventinnen und -absolventen nehmen nach dem ersten Staatsexamen vergleichsweise selten eine Promotion auf.

Abbildung 1   Beginn einer Promotion nach Art des Abschlusses und Hochschultyp (Prozent; ohne Bachelorabsolventinnen und -absolventen)

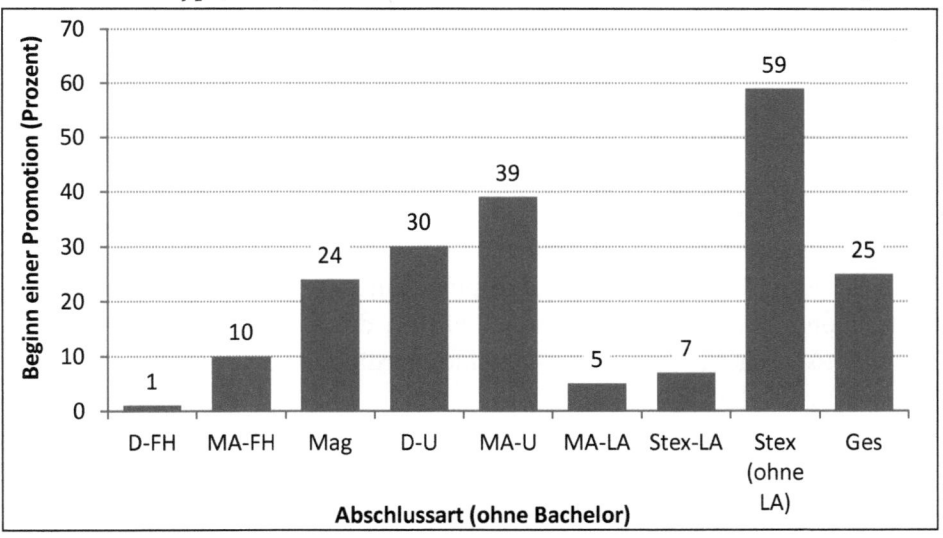

Frage: Haben Sie eine Promotion begonnen?
Abkürzungen der Abschlussarten: *D-FH*: Diplom Fachhochschule; *MA-FH*: Master Fachhochschule; *Mag*: Magister Universität; *D-U*: Diplom Universität; *MA-U*: Master Universität; *MA-LA*: Master Lehramt, Universität; *Stex-LA*: 1. Staatsexamen Lehramt, Universität; *Stex* (ohne LA): 1. Staatsexamen ohne Lehramt, Universität; *Ges*: Gesamt. Künstlerischer Abschluss wird aufgrund geringer Fallzahlen nicht dargestellt, n Gesamt = 16.481.

Die Absolventinnen und Absolventen der Medizin nehmen mit 88 Prozent mit überragender Mehrheit eine Promotion auf, aber auch in der Physik und Che-

---

weiteres Masterstudium mit einer Promotion begonnen haben (zu den Voraussetzungen hierfür siehe KMK 2000).

mie sind die Anteile mit je 72 Prozent sehr hoch, gefolgt von der Biologie mit 54 Prozent (vgl. Tabelle 1). Vergleichsweise selten wird eine Promotion in den Fächergruppen Sprach- und Kultur-, Rechtswissenschaften und sonstigen Ingenieurswissenschaften aufgenommen.

Auffallend ist zudem, dass Frauen insgesamt seltener eine Promotion aufnehmen als Männer (Frauen 22 Prozent, Männer 28 Prozent). In einigen Fächergruppen ist dies besonders deutlich, so in den Sprach- und Kulturwissenschaften, Politik- und Sozialwissenschaften, Rechtswissenschaften sowie allen Naturwissenschaften (vgl. Tabelle 1).[2] In den anderen Fächergruppen sind die Geschlechterunterschiede statistisch nicht signifikant, dies gilt auch für die beiden Fächer Informatik und Medizin, in denen mehr Frauen als Männer angeben zu promovieren. Denkbar wäre, dass eine geringere Promotionsquote bei Frauen darauf zurückführen lässt, dass Frauen häufiger als Männer auf Lehramt studiert haben. Aber lediglich in den Fächern Physik und den sonstigen Naturwissenschaften lässt sich diese Annahme bestätigen, in den anderen Fächergruppen promovieren Frauen auch dann signifikant seltener, wenn man Lehramtsabsolventinnen und -absolventen außen vor lässt.

Zum Befragungszeitpunkt, also rund 1,5 Jahre nach dem Diplom-, Master- oder vergleichbarem Abschluss, geben zehn Prozent an, die Promotion bereits abgeschlossen zu haben. Dabei handelt es sich hauptsächlich um Medizinerinnen und Mediziner.

Einen Abbruch der Promotion geben in diesem Zeitraum lediglich drei Prozent der Befragten an. Auch hier sind die Medizinerinnen und Mediziner etwas häufiger vertreten, von ihnen geben sechs Prozent an, eine Promotion abgebrochen zu haben. Die anderen Fächergruppen ähneln sich stark, ein leicht höherer Anteil von Abbrüchen (vier Prozent) wird in den Sprach- und Kultur- sowie Rechtswissenschaften angegeben. Geschlechterdifferenzen lassen sich hier nicht feststellen.

---

2 Dies widerspricht auf den ersten Blick anderen bekannten Ergebnissen zur Promotionsquote nach Geschlecht. So stellt das Statistische Bundesamt dar, dass in den Sprach- und Kulturwissenschaften 59 Prozent der Promovierenden Frauen sind und somit in dieser Fächergruppe überrepräsentiert (vgl. Wolters und Schmiedel 2012: 22). Dies begründet sich allerdings dadurch, dass in dieser Fächergruppe eine noch höhere Überrepräsentanz von Frauen bei den Studierenden vorliegt. Im Unterschied zu einer Darstellung der Geschlechterverteilung innerhalb einer Fächergruppe wird in Tabelle 1 der geschlechterspezifische Unterschied bei der realisierten Entscheidung für eine Promotion dargestellt.

Tabelle 1   Aufnahme einer Promotion nach Studienfach und Geschlecht (Prozent; ohne Bachelorabsolventinnen und -absolventen)

	SuK	PuS	Re	WW	Inf	Phy	Ch	Bio	SNM	Med	MB	ET	S Ing	Son	Ges
Aufnahme einer Promotion															
Ja	14	20	27	8	22	72	72	54	26	88	32	28	17	16	25
Nein	86	80	73	92	78	28	28	46	74	12	68	72	83	84	75
Aufnahme einer Promotion nach Geschlecht															
Nur Frauen – Ja	11	16	20	7	27	61	66	50	18	89	26	25	14	16	22
Nur Männer – Ja	22	25	34	9	22	76	79	62	29	86	33	29	19	17	28
Gesamt	100	100	100	100	100	100	100	100	100	100	100	100	100	100	100
Anzahl	3.616	480	762	2.305	884	350	415	551	1.230	810	1.186	470	1.748	1.674	16.481

Frage: Haben Sie eine Promotion begonnen?
Abkürzungen der Fächergruppen: SuK: Sprach- und Kulturwissenschaften; PuS: Politik- und Sozialwissenschaften; Re: Rechtswissenschaften; WW: Wirtschaftswissenschaften; Inf: Informatik; Phy: Physik; Ch: Chemie; Bio: Biologie; SNM: sonstige Naturwissenschaften und Mathematik; Med: Human- und Zahnmedizin; MB: Maschinenbauwesen/Verfahrenstechnik; ET: Elektrotechnik; S Ing: Sonstige Ingenieurwissenschaften; Son: Sonstiges.
Quelle: INCHER-Kassel, KOAB-Absolventenbefragung 2012 (Jahrgang 2010).

Die Mehrheit der Promovierenden promoviert an der Hochschule, an der sie bereits zuvor studiert haben. Insgesamt geben dies 73 Prozent an. Je nach Hochschule variiert dieser Anteil: bei den unterschiedlichen Universitäten reicht die Spannweite von 61 Prozent bis zu 89 Prozent. Insgesamt anders stellt sich die Situation für die Promovierenden der Fachhochschulen dar, da sie aufgrund des fehlenden Promotionsrechts der Fachhochschulen nicht die Möglichkeit haben, an „ihrer" Fachhochschule zu promovieren. Die Promovierenden mit Fachhochschulabschluss promovieren somit in der Regel an einer anderen Hochschule bzw. Universität und auch häufiger an einer Hochschule im Ausland als die Absolventinnen und Absolventen der Universitäten.

Insgesamt 18 Prozent der Promovierenden gibt an, dass sie an einem strukturierten Promotionsprogramm teilnehmen (Graduiertenkolleg, Graduate school oder Promotionsstudiengang). Weitere Aussagen über die Art der Einbindung der Promotion (intern/extern; Stipendium) können anhand der vorliegenden Daten für Promovierende nicht gemacht werden, Angaben hierzu finden sich aber in den späteren Abschnitten über die erfolgreich promovierten Absolventinnen und Absolventen.

2   Beschäftigungssituation während der Promotion

In Deutschland ist seit längerem in der Diskussion, ob die Promotionsphase eine weitere Phase der Ausbildung darstellt (in der Bologna-Logik die dritte Stufe des Studiums nach Bachelor und Master) oder die erste Phase der (wissenschaftlichen) Berufstätigkeit. Eine deutliche Einbindung Promovierender in den „normalen" Studienbetrieb findet man in Deutschland in der Regel nicht, auch wenn strukturierte Promotionsprogramme in den letzten Jahren deutlich zugenommen haben. Es lässt sich eindeutig konstatieren, dass die überwiegende Mehrheit der Promovierenden während der Promotion einer Erwerbstätigkeit nachgeht. Unter den hier Befragten geben zum Befragungszeitpunkt 91 Prozent an, dass sie irgendeiner Form der Erwerbstätigkeit nachgehen. Auch die Teilnahme an einem Promotionsprogramm ändert daran wenig: Erwerbstätigkeit ist hier etwas seltener, liegt aber auch bei diesen Promovierenden bei 84 Prozent.

Hochschulen sind für Promovierende der wichtigste Arbeitgeber. Insgesamt geben 50 Prozent an, dass sie in einer Hochschule beschäftigt sind. Hinzu kommen weitere sechs Prozent, die an einer außeruniversitären Forschungseinrichtung (AuFE) arbeiten. Darüber hinaus sind weitere 25 Prozent in anderen Bereichen des öffentlichen Sektors beschäftigt, lediglich 16 Prozent im privaten Sektor und 3 Prozent im Non-Profit-Bereich (vgl. Tabelle 2; vergleichbare Ergebnisse siehe Konsortium BuWiN 2013: 227 ff.). Bezieht man mit ein, welche Haupttätigkeit die Promovierenden angeben, so ist die Mehrheit im wissenschaftlichen Bereich tätig, aber nicht alle. Neben den 56 Prozent, die in Hochschulen und AuFE arbeiten geben weitere 17 Prozent „Forschung" oder „Forschung und Entwicklung" (FuE) als Haupttätigkeit an. Zusammengenommen sind dies 73 Prozent. Schließt man die Medizinerinnen und Mediziner aus, so erhöhen sich diese Angaben: ohne Medizinerinnen und Mediziner sind 84 Prozent der Promovierenden in einem eindeutig wissenschaftlichen Bereich tätig (64 Prozent an Hochschulen/AuFE sowie 20 Prozent im Bereich FuE außerhalb von Hochschulen/AuFE).

Die Beschäftigungsbedingungen von Promovierenden sind in hohem Maße durch Befristung und Teilzeitarbeit gekennzeichnet, dies gilt insbesondere für Tätigkeiten als wissenschaftliche Mitarbeiterinnen und Mitarbeiter an Hochschulen (vgl. z. B. Schomburg et al. 2012: 31 ff.; Bloch und Burkhardt 2010: 22; Meyer et al. 2008). Dadurch stehen Absolventinnen und Absolventen bei der Entscheidung für oder gegen die Aufnahme einer Promotion mitunter auch vor der Entscheidung, ob sie in Kauf nehmen wollen, dass ihr Einstieg in die Erwerbstätigkeit mit einer mehrjährigen Phase mit unsicheren bzw. atypischen Beschäftigungsbedingungen verbunden ist. Allerdings stellt sich hierbei zugleich die Frage, ob sich die Beschäftigungsbedingungen beim Berufseinstieg tatsächlich nennenswert besser gestalten, wenn Absolventinnen und Absolventen keine Promotion anstreben. Vergleicht man die Beschäftigungsbedingungen der Befragten, die promovieren, und derjenigen, die nicht promovieren, findet sich eine hohe Diskrepanz zwischen objektiven und subjektiven Indikatoren der beruflichen Situation. Bei den objektiven Indikatoren (Vertragsform etc.) kann man in der Tat bei vielen Indikatoren eine deutlich schlechtere Situation bei den Promovierenden feststellen. Dies gilt insbesondere hinsichtlich Befristung und Vollzeittätigkeit, aber auch bei der Wahrnehmung von Leitungsaufgaben (vgl. Tabelle 3). Lediglich das Einkommen ist bei den Promovierenden sehr ähnlich wie das der Nicht-Promovierenden – vorausgesetzt, es handelt sich um eine Vollzeitstelle. Anders gestaltet sich die Situation hingegen bei den subjektiven oder weichen Indikatoren der beruflichen Situation. Angaben, die beschreiben, in wie weit die Beschäftigung der vorhandenen Qualifikation entspricht, fallen bei den Promovierenden deutlich besser aus als bei Nicht-Promovierenden. Dies gilt sowohl für die Qualifikationsverwendung als auch für Fachnähe und vertikale Adäquanz. So ist letztlich – trotz schlechterer objektiver Beschäftigungsbedingungen – die berufliche Zufriedenheit bei den Promovierenden höher als bei denen, die nicht promovieren.

Tabelle 2 Tätigkeitsbereich und Sektor der Erwerbstätigkeit nach Studienfach (Prozent; nur erwerbstätige Promovierende)

	SuK	PuS	Re	WW	Inf	Phy	Ch	Bio	SNM	Med	MB	ET	S Ing	Son	Ges
Tätigkeit in Hochschule oder Forschung															
Hochschule	52	59	45	62	69	69	73	56	74	2	44	61	59	33	50
Außeruniv. Forschungseinrichtung (AuFE)	3	9	2	3	9	14	8	12	7	0	8	3	5	3	6
FuE außerhalb Hochschule/AuFE	7	9	8	9	18	15	19	28	15	1	41	29	27	10	17
Anderer Bereich	37	22	46	27	4	2	0	4	4	97	7	6	9	55	26
Gesamt	100	100	100	100	100	100	100	100	100	100	100	100	100	100	100
Sektor der Erwerbstätigkeit															
Öffentl. Bereich	72	80	70	73	91	94	94	93	93	73	81	86	84	47	81
(Privat-)Wirtschaftlicher Bereich (inkl. Selbständige)	22	11	30	27	9	5	6	5	6	15	18	13	13	51	16
Organisationen ohne Erwerbscharakter	6	9	0	1	0	1	0	3	1	12	2	1	3	2	3
Gesamt	100	100	100	100	100	100	100	100	100	100	100	100	100	100	100
Anzahl	307	66	122	124	148	186	209	217	208	313	308	106	237	170	2.721

Frage H13: In welchem Wirtschaftszweig bzw. Bereich sind Sie gegenwärtig tätig? Frage H15: Welche hauptsächliche Tätigkeit (hauptsächliche Arbeitsaufgabe) haben Sie derzeit? Frage H14: In welchem Sektor sind Sie gegenwärtig tätig?
Quelle: INCHER-Kassel, KOAB-Absolventenbefragung 2012 (Jahrgang 2010).

Tabelle 3   Indikatoren der beruflichen Situation promovierender und nicht
promovierender Absolventinnen und Absolventen (nur Erwerbstätige)

	Promovierende	Nicht-Promovierende
Objektive Indikatoren		
Vollzeit beschäftigt (35 Stunden und mehr)	53 %	83 %
Unbefristet beschäftigt	10 %	68 %
Bruttomonatseinkommen (nur Vollzeitbeschäftigte; Mittelwert)	3.112 €	3.204 €
Bruttomonatseinkommen (alle Beschäftigten; Mittelwert)	2.350 €	2.888 €
Leitungsposition	12 %	21 %
Subjektive Indikatoren		
Hohe Qualifikationsverwendung	81 %	48 %
Studienfachnahe berufliche Aufgaben	94 %	82 %
Niveauadäquate Beschäftigung	96 %	79 %
Hohe Berufszufriedenheit	75 %	65 %

Fragen H4, H6, H7, H10 (Objektive Indikatoren); Fragen I1, I3, I4, I7 (Subjektive Indikatoren).
*Absolvent/innen, die promovieren: nur Befragte, die einer Erwerbstätigkeit nachgehen
** Absolvent/innen, die nicht promovieren: nur Befragte, die einer Erwerbstätigkeit und keinem weiteren Studium nachgehen
Quelle: INCHER-Kassel, KOAB-Absolventenbefragung 2012 (Jahrgang 2010).

Die berufliche Situation der Promovierenden hängt noch einmal davon ab, ob sie an einer Hochschule, im Bereich FuE außerhalb von Hochschulen/AuFE oder in einem anderen Bereich tätig sind. Dies gilt aber vor allem für die objektiven Indikatoren: Sowohl Teilzeitbeschäftigung als auch Befristung sind im Hochschulbereich wesentlich häufiger als im nicht wissenschaftlichen Bereich (FuE nimmt eine mittlere Stellung ein). Auch das Einkommen der Promovierenden ist außerhalb des wissenschaftlichen Bereichs deutlich höher (Mittelwert: 3.593 €/ Vollzeitstelle) und damit auch höher als das durchschnittliche Einkommen der Nicht-Promovierenden. Bei den subjektiven Indikatoren finden sich ebenfalls Unterschiede, die aber insgesamt geringer ausfallen. Nicht nur die Promovierenden an Hochschulen geben hier positivere Antworten als die Nicht-Promovierenden. Auch die Promovierenden im nicht wissenschaftlichen Bereich nennen bei allen subjektiven Indikatoren eine höhere Passung bzw. eine höhere Zufriedenheit als die Befragten, die nicht promovieren. Die enge Passung bei den Promovierenden ist also nicht allein auf die Fachnähe und damit verbundene Qualifikationsverwendung bei einer Tätigkeit in der Hochschule zurückzuführen.

So bestätigen die Ergebnisse, dass die Beschäftigungssituation für Promovierende anhand verschiedener objektiver Indikatoren nachteilig ist, insbesondere

bei einer Beschäftigung an der Hochschule. Allerdings ist die deutlich höhere
Passung zwischen eigener Qualifikation und beruflicher Tätigkeit bei Promovierenden ausgesprochen hoch, so dass sie insgesamt zufriedener mit ihrer
beruflichen Situation sind als die Nicht-Promovierenden. Im Anschluss stellt
sich die Frage, ob diese hohe Passung zwischen Studium und Beruf auch nach
erfolgreichem Abschluss der Promotion festgestellt werden kann. Im Folgenden
werden deshalb Ergebnisse einer Befragung von promovierten Absolventinnen
und Absolventen dargestellt und hierbei wird auch der Frage nachgegangen, ob
sich die objektiven Indikatoren der beruflichen Situation besser darstellen als bei
den Promovierenden.

3   Die Promovierten

Vergleicht man die soziodemographischen Merkmale der in KOAB befragten
promovierten Absolventinnen und Absolventen mit denen aller Universitätsabsolventen, so sind lediglich Frauen unter den Promovierten unterrepräsentiert.
Der Anteil der Personen mit einem akademischen Bildungshintergrund sowie
mit Migrationshintergrund (nur Bildungsinländer/innen) unterscheidet sich
hingegen nicht signifikant von der Verteilung bei anderen Universitätsabschlüssen. Höher ist hingegen der Anteil der Bildungsausländer (vgl. Tabelle 4).

*Tabelle 4   Soziodemographische Merkmale nach Art des Abschlusses (nur Univer-
sitätsabschlüsse; Prozent; arithmetischer Mittelwert)*

	Promotion	Universitätsab-schlüsse (ohne Promotion)
Anteil Frauen	37 %	54 %
Alter bei Studienabschluss (arithm. Mittelwert)	33 Jahre	27 Jahre
Mind. ein Elternteil mit Hochschulausbildung	61 %	59 %
Bildungsausländer/innen[1]	9 %	4 %
Bildungsinländer/innen mit Migrationshintergrund[2]	16 %	16 %

Fragen A1, L1, L2, L9, L4.

[1] Bildungsausländer/innen: Absolventinnen und Absolventen, die ihre Hochschulzugangsberechtigung im Ausland erworben haben.

[2] Bildungsinländer/innen mit Migrationshintergrund: Absolventinnen und Absolventen, die ihre
Hochschulzugangsberechtigung in Deutschland erlangt haben und von denen mindestens ein
Elternteil im Ausland geboren wurde.

Quelle: INCHER-Kassel, KOAB-Absolventenbefragung 2012 (Jahrgang 2010).

4   Die Promotion

In ihrer Promovierendenbefragung hatten Enders und Bornmann (2001) deutlich gemacht, dass die Einbindung der Promotion in den Hochschulkontext (interne oder externe Promotion) ein wichtiger Faktor dafür ist, ob nach der Promotion eine Berufslaufbahn inner- oder außerhalb der Hochschule fortgesetzt wird. Die Daten aus der KOAB-Befragung zeigen, dass sich die Art der Einbindung in den Disziplinen stark unterscheidet (vgl. Tabelle 5): In Wirtschaftswissenschaften und den MINT-Fächern (MINT = Mathematik, Informatik, Naturwissenschaft und Technik) hatte der überwiegende Teil der Befragten während der Promotion eine Beschäftigung an einer Hochschule oder einer außeruniversitären Forschungseinrichtung. Beschäftigung und Promotion standen bei der großen Mehrheit in einem engen fachlichen Zusammenhang. Anders sieht es hingegen in den Sprach-, Kultur-, Sozial- und Rechtswissenschaften sowie in Jura und Medizin aus. Hier war nur eine Minderheit an einer Hochschule oder einem Forschungsinstitut beschäftigt. Anderweitige Beschäftigungen spielen hier eine größere Rolle, so dass auch der fachliche Zusammenhang zwischen Beschäftigung und Promotion entsprechend geringer ist.

Auch der Anteil der Stipendiatinnen und Stipendiaten variiert stark. Insgesamt haben 25 Prozent der Promovierten ein Stipendium erhalten. Die Spannweite reicht allerdings von 44 Prozent in den Politik- und Sozialwissenschaften bis zu vier Prozent in der Medizin (vgl. Tabelle 6).

Rund ein Fünftel der Promovierten war während der Promotion in ein Promotionsprogramm eingebunden, sei es in Form eines Graduiertenkollegs, einer Graduate School oder eines strukturierten Promotionsstudiengangs. Die Medizinerinnen und Mediziner und Juristinnen und Juristen fallen hierbei deutlich aus dem Rahmen, Promotionsprogramme sind hier mit vier bzw. fünf Prozent kaum relevant. In vielen anderen Fächern liegt der Anteil hingegen über 30 Prozent, sowohl in den Naturwissenschaften als auch bei den Politik- und Sozialwissenschaften.

Tabelle 5 *Überwiegende Beschäftigungssituation in der Promotionsphase (interne/externe Promotion) nach Fächergruppe (Prozent; nur Promovierte; ohne Medizin[1])*

	SuK	PuS	Re	WW	Inf	Phy	Ch	Bio	SNM	MB	ET	S Ing	Son	Ges
Interne Promotion[2]	41	28	36	59	87	81	75	61	65	83	75	59	41	61
Externe Promotion	59	73	64	41	13	19	25	39	35	17	25	41	59	39
Gesamt	100	100	100	100	100	100	100	100	100	100	100	100	100	100
Anzahl	133	40	94	75	54	103	102	127	71	100	51	91	46	1.088

Frage C8: Wenn Sie Ihre Promotionsphase rückblickend betrachten, wie haben Sie diese überwiegend finanziert?
1) Medizin: Frage nicht gestellt.
2) Interne Promotion: Beschäftigung an einer Hochschule oder einer außeruniversitären Forschungseinrichtung während der Promotion.
Quelle: INCHER-Kassel, KOAB-Absolventenbefragung 2012 (Jahrgang 2010).

Tabelle 6 *Erhalt eines Promotionsstipendiums nach Fächergruppe (Prozent; nur Promovierte)*

	SuK	PuS	Re	WW	Inf	Phy	Ch	Bio	SNM	Med	MB	ET	S Ing	Son	Ges
Ja	40	44	13	13	13	28	34	40	39	3	11	18	26	16	25
Nein	60	56	87	87	87	72	66	60	61	97	89	82	74	84	75
Gesamt	100	100	100	100	100	100	100	100	100	100	100	100	100	100	100
Anzahl	140	41	92	76	55	104	102	126	72	98	99	51	91	70	1.217

Frage C8: Wenn Sie Ihre Promotionsphase rückblickend betrachten, wie haben Sie diese überwiegend finanziert? Frage C10: Haben Sie ein Promotionsstipendium erhalten?
Quelle: INCHER-Kassel, KOAB-Absolventenbefragung 2012 (Jahrgang 2010).

5   Berufsübergang nach der Promotion

Fast die Hälfte der befragten Promovierten hatte zwischen dem Abschluss der Promotion und der darauf folgenden Beschäftigung keinen zeitlichen „Leerlauf": Zum Zeitpunkt des Abschlusses hatten sie bereits eine Beschäftigung gefunden oder setzten eine vorherige Beschäftigung fort (vgl. Abbildung 2). Die Dauer des Übergangs in eine Beschäftigung liegt deshalb im Mittel bei null Monaten (Median). In einzelnen Fachrichtungen ist der Übergang aber weniger „nahtlos", vor allem in den Naturwissenschaften sowie den Wirtschaftswissenschaften. Eine Übergangsdauer von null Monaten geben in den Wirtschaftswissenschaften 39 Prozent an, in der Physik 25 Prozent, in Biologie 22 Prozent und in Chemie 16 Prozent. Nach sechs Monaten sind aber auch von den Promovierten dieser Fachrichtungen fast drei Viertel in einer Beschäftigung. Die Medizinerinnen und Mediziner haben zu einem Großteil keinen klar auszumachenden „Übergang" zwischen Promotion und Beschäftigung: Bei 80 Prozent liegt die Übergangsdauer bei null Monaten. Der Abschluss der Promotion dürfte hier in vielen Fällen im Rahmen oder parallel zu einer bestehenden Beschäftigung erfolgen, die nach der Promotion fortgesetzt wird.

Abbildung 2   *Dauer vom Abschluss der Promotion bis zum Beginn der ersten Beschäftigung nach ausgewählten Fächergruppen (Monate; kumulierte Prozente)*

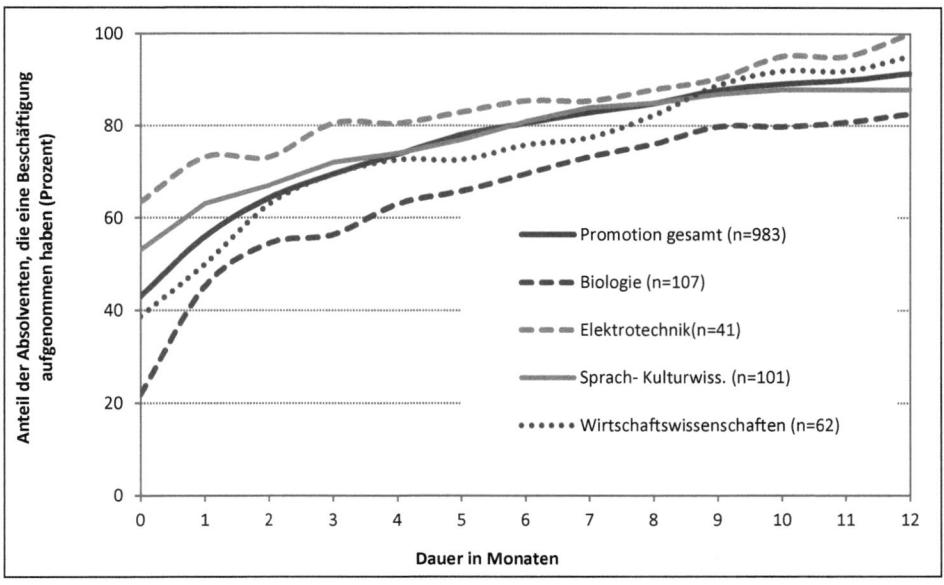

Frage B3: Wann haben Sie diesen Abschluss erworben? Frage G1: Wann haben Sie Ihre erste bzw. fortgeführte Beschäftigung nach Abschluss der Promotion aufgenommen?
Quelle: INCHER-Kassel, KOAB-Absolventenbefragung 2012 (Jahrgang 2010).

6   Berufliche Situation 1,5 Jahre nach der Promotion

Zum Befragungszeitraum, also ein bis zwei Jahre nach Abschluss der Promotion, dominiert bei den promovierten Absolventinnen und Absolventen eine Erwerbstätigkeit. 89 Prozent geben an, erwerbstätig zu sein, lediglich zwei Prozent
sind erwerbslos und auf Beschäftigungssuche. Während in manchen Fächern
Erwerbslosigkeit gar nicht genannt wird (Politik- und Sozialwissenschaften, Informatik, sonstige Naturwissenschaften/Mathematik, Medizin, Elektrotechnik),
sind die Promovierten der Biologie hingegen zu sieben Prozent erwerbslos (vgl.
Tabelle 7).

Keine nennenswerte Rolle spielen Gelegenheitsjobs, Praktika oder Lehrauf-
träge (ohne weitere reguläre Beschäftigung). Dies gibt insgesamt nur ein Prozent
der Befragten an, mit leicht höheren Werten in Politik- und Sozialwissenschaften
(6 Prozent) und Chemie (5 Prozent).

6.1   Verbleib in Wissenschaft und Forschung und in nicht
wissenschaftlichen Tätigkeitsfeldern

Ein Berufsweg für Promovierte ist die wissenschaftliche Laufbahn an der Hochschule oder einer außeruniversitären Forschungseinrichtung. Aber auch außerhalb dieses klassischen „Wissenschaftsbetriebs" stellt die Promotion in Deutschland eine wichtige Qualifikation für den Arbeitsmarkt dar. Die hohe Bedeutung
der Promotion für den nicht wissenschaftlichen Arbeitsmarkt hebt sich damit
deutlich von der Situation in anderen Ländern ab, in denen Promovierte in weit
höherem Maße eine Hochschullaufbahn einschlagen als dies in Deutschland der
Fall ist (vgl. Auriol 2010). Der vergleichsweise hohe Anteil nicht akademischer
Berufsverläufe von Promovierten kann zum einen Ergebnis einer bewussten
Entscheidung für einen Karriereweg außerhalb der Wissenschaft sein. Da in
Deutschland die Promotion auch außerhalb der Wissenschaft Zugangsmöglich-
keiten für attraktive berufliche Positionen eröffnet, stellen die Privatwirtschaft
und der nicht wissenschaftliche öffentliche Sektor ernsthafte Alternativen zur
Wissenschaftskarriere dar (vgl. Opitz 2008). Zum anderen weist die wissen-
schaftliche Karriere in Deutschland eine hohe Selektion auf, die mit einer langen
Phase unsicherer Beschäftigung einhergeht und unterhalb der Professur wenig
Perspektiven für einen dauerhaften Verbleib in der Wissenschaft bietet (vgl.
u.a. Jaksztat et al. 2010, Kehm 2010). Zudem ist der Aufstieg zur Professur in
Deutschland in der Regel zwingend mit einem Wechsel der Hochschule verbunden, so dass sich auf dieser Karrierestufe kein interner Arbeitsmarkt innerhalb
der Organisation bietet (vgl. Hüther und Krücken 2011).

Tabelle 7 Erwerbsstatus/Tätigkeit ca. 1,5 Jahre nach Abschluss der Promotion nach Fächergruppen (Prozent)

	SuK	PuS	Re	WW	Inf	Phy	Ch	Bio	SNM	Med	MB	ET	S Ing	Son	Ges
,Reguläre' abhängige Beschäftigung	69	81	72	82	100	90	81	83	86	97	94	93	81	67	83
Selbständige Beschäftigung	11	8	10	11	0	2	1	1	3	1	2	8	8	19	6
Jobben, Lehrauftrag, Praktika u.ä.	2	6	1	2	0	1	5	0	2	0	1	0	1	2	1
Weitere Ausbildung (Studium, Referen., Weiterbildung)	6	0	10	2	0	1	8	4	3	0	1	0	1	2	3
Elternzeit/Hausarbeit	6	6	1	0	0	0	0	3	3	0	0	0	3	2	2
Erwerblos und Beschäftigungssuche	2	0	3	2	0	4	2	7	0	0	1	0	4	4	2
Sonstiges	5	0	3	2	0	1	3	3	3	1	0	0	3	4	2
Gesamt	100	100	100	100	100	100	100	100	100	100	100	100	100	100	100
Anzahl	124	36	79	62	44	92	88	107	65	67	84	40	79	52	1.019

Frage H1: Was trifft auf Ihre derzeitige Situation zu?
Quelle: INCHER-Kassel, KOAB-Absolventenbefragung 2012 (Jahrgang 2010).

Bei den befragten Promovierten zeigt sich, dass rund 1,5 Jahre nach Abschluss der Promotion 47 Prozent im Bereich Wissenschaft und Forschung beschäftigt ist, darunter bereits ein Teil in Forschung und Entwicklung außerhalb von Hochschulen. So sind von den erwerbstätigen Promovierten 30 in einer Hochschule oder außeruniversitären Forschungseinrichtung (AuFE) beschäftigt, 17 Prozent in Forschung und Entwicklung (FuE) und 52 Prozent in einem nicht wissenschaftlichen Bereich. Der Anteil derer, die in Hochschulen/AuFE arbeiten, ist damit um einiges niedriger, als es bei den Promovierenden der Fall ist. Das Fach, in dem die Promotion abgeschlossen wurde, hat einen erheblichen Einfluss auf den Sektor der späteren Beschäftigung (vgl. Abbildung 3). Neben dem unterschiedlichen Gewicht, das Hochschulen/AuFE einnehmen, sind die Anteile im Bereich Forschung und Entwicklung in hohem Maße von der Forschungsintensität der fachnahen Branchen abhängig. Besonders hohe Forschungsausgaben in der Privatwirtschaft finden sich vor allem im Fahrzeug- und Maschinenbau, Elektrotechnik und Chemie (vgl. BMBF 2010).

Abbildung 3   Beschäftigung in Hochschule/Forschungseinrichtung, FuE oder nicht wissenschaftlichem Bereich nach Fächergruppe (1,5 Jahre nach der Promotion; Prozent; nur Erwerbstätige)

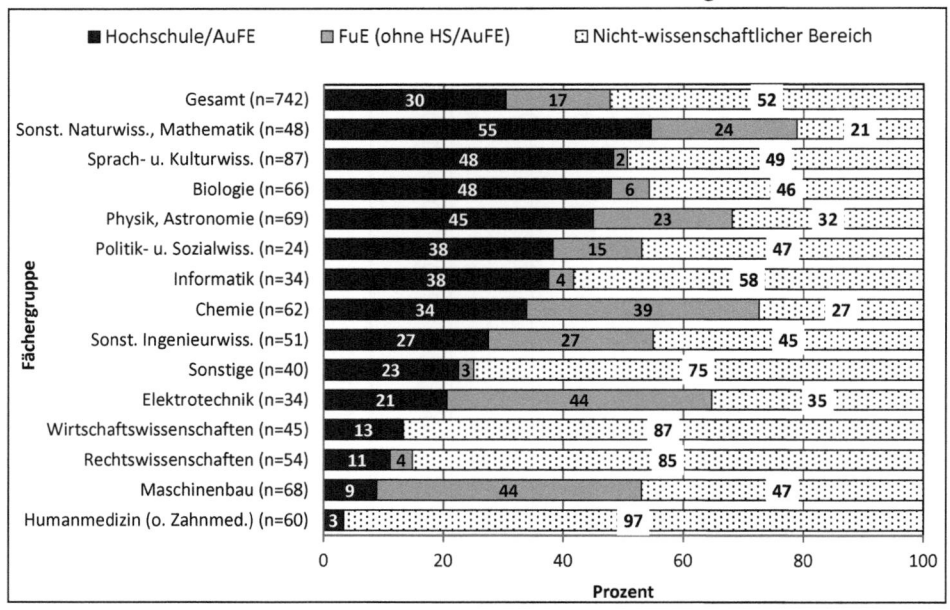

Frage H13: In welchem Wirtschaftszweig bzw. Bereich sind Sie gegenwärtig tätig? Frage H14: In welchem Sektor sind Sie gegenwärtig tätig? Frage H15: Welche hauptsächliche Tätigkeit haben Sie derzeit?
Quelle: INCHER-Kassel, KOAB-Absolventenbefragung 2012 (Jahrgang 2010).

Aus dem Rahmen fallen die Promovierten in Jura und Medizin (sechs Prozent und drei Prozent). In diesen beiden Disziplinen ist der Zusammenhang „Promotion = wissenschaftliche Laufbahn" so gut wie nicht gegeben. Aber auch die Promovierten des Maschinenbaus/der Verfahrenstechnik sind nur selten in Hochschulen/AuFE beschäftigt.

Wie bereits erwähnt, steht die Fortsetzung der Berufslaufbahn nach der Promotion an Hochschulen in engem Zusammenhang damit, ob intern oder extern promoviert wurde. Dies zeigt sich auch in den vorliegenden Daten: Von denjenigen Befragten, die bereits während der Promotion an einer Hochschule bzw. einem Forschungsinstitut beschäftigt waren, sind 1,5 Jahre nach der Promotion 36 Prozent an einer Hochschule bzw. außeruniversitären Forschungseinrichtung beschäftigt. Bei Promovierten mit einer externen Promotion ist der Anteil mit 27 Prozent geringer (vgl. auch Konsortium BuWIN 2013: 288 ff.).

Neben dem bereits in Abbildung 2 ersichtlichen Anteil in FuE von 17 Prozent, ist ein weiteres Drittel der Promovierten in anderen Bereichen der Privatwirtschaft tätig, weitere 19 Prozent sind im öffentlichen Dienst und drei Prozent im Non-profit-Sektor beschäftigt. Die Hälfte der Absolventen im öffentlichen Dienst (ohne Hochschulen) sind Medizinabsolventinnen und -absolventen, die in Krankenhäusern arbeiten. Sieben Prozent der Promovierten sind selbständig.

6.2   Angemessenheit von Ausbildung und beruflicher Tätigkeit

Im ersten Abschnitt wurde deutlich, dass Personen, die sich noch in der Promotionsphase befinden, eine ausgesprochen hohe Passung zwischen ihrem Studium und ihrer Erwerbstätigkeit angeben. Dies ist aber möglicherweise gerade auf die Vermischung von Erwerbstätigkeit und Promotion zurückzuführen. Somit stellt sich die Frage, ob sich diese enge Passung auch nach Abschluss der Promotion fortsetzt. Die hohe Qualifikation der Promovierten könnte für den Arbeitsmarkt auch Überqualifikation bedeuten. Aufgrund des hohen Qualifikationsniveaus wäre es möglich, dass Promovierte zwar häufig eine Beschäftigung finden, aber diese nicht unbedingt ihrer Ausbildung angemessen sein muss. Der hohe Beschäftigungsgrad könnte also auch mit Abstrichen bei der Qualität der Beschäftigung „bezahlt" werden. Betrachtet man diverse Charakteristika, die die „Passung" von Studium und Beruf und die Qualität der Beschäftigung beschreiben, zerstreuen sich solche Überlegungen. Für die große Mehrheit der Promovierten zeichnet sich ein positives Bild der beruflichen Situation ab, insbesondere im Vergleich mit der beruflichen Situation anderer Hochschulabsolventinnen und -absolventen (vgl. Abbildung 4).

Abbildung 4   *Berufliche Situation nach Abschlussart (nur Universitätsabschlüsse; nur Erwerbstätige; Prozent)*

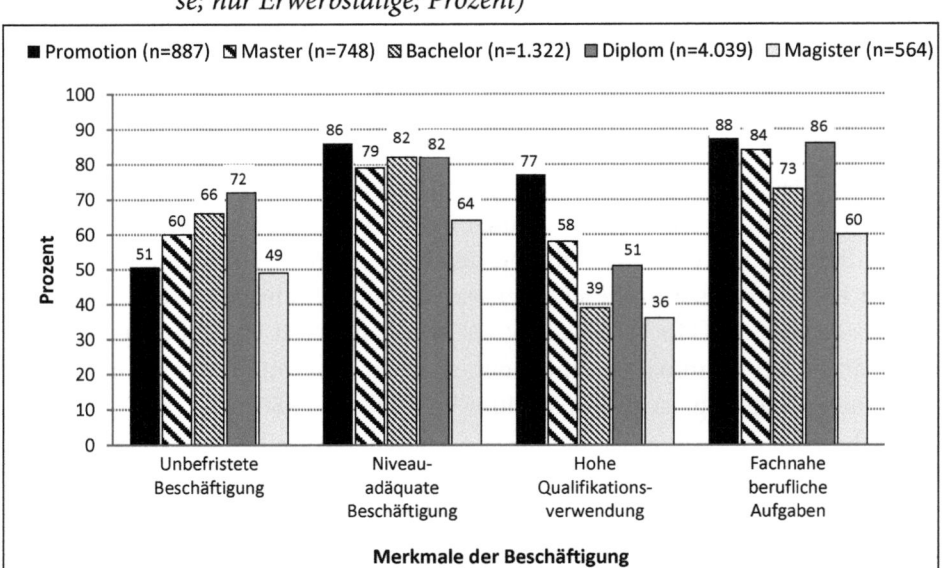

Frage H6: Sind Sie derzeit befristet oder unbefristet beschäftigt? Frage I4: Welches Abschlussniveau ist Ihrer Meinung nach für Ihre Beschäftigung am besten geeignet? Frage I1: Wenn sie Ihre heutigen beruflichen Aufgaben insgesamt betrachten: In welchem Ausmaß verwendet Sie Ihre im Studium erworbenen Qualifikationen? (Antwort 1–2 auf einer Skala von 1 = „In sehr hohem Maße" bis 5 = „Gar nicht"); Frage I3: Wie würden Sie die Beziehung zwischen Ihrem Promotionsfach und Ihrem derzeitigen beruflichen Aufgabenfeld charakterisieren?
Quelle: INCHER-Kassel, KOAB-Absolventenbefragung 2012 (Jahrgang 2010).

86 Prozent der Promovierten beurteilen ihre Beschäftigung als angemessen für ihr Abschlussniveau, gehen also einer Tätigkeit nach, die ihrer Qualifikation als Promovierte entspricht. Die Verwendung der persönlichen Qualifikationen ist mit 77 Prozent deutlich höher als bei anderen Universitätsabschlüssen (je nach Abschlussart 58 bis 36 Prozent). Auch die Fachnähe der beruflichen Aufgaben ist mit 88 Prozent sehr hoch. Die Passung von Studium und Beruf ist nach der Promotion damit zwar etwas geringer als während der Promotionsphase, dennoch kann man festhalten, dass die Promovierten mehrheitlich nicht irgendeiner – vielleicht gut bezahlten Beschäftigung – nachgehen, sondern eine Beschäftigung mit hohem Bezug zum Fach haben. Diese positiven Werte sind aber allerdings auch durch die Promovierten in wissenschaftlichen Laufbahnen bedingt: 95 Prozent der Promovierten an Hochschulen bzw. außeruniversitären Forschungseinrichtungen geben fachnahe Tätigkeiten an. In der Privatwirtschaft liegt der Wert hingegen mit 83 Prozent etwas niedriger.

Bei den objektiven Indikatoren der beruflichen Situation lässt sich zwar eine Verbesserung im Vergleich zur Promotionsphase feststellen: Teilzeitbeschäftigung geben nur wenige Promovierte an, 91 Prozent haben eine Vollzeitbeschäftigung. Dies gilt in ähnlich hohem Maße auch für die promovierten Beschäftigten an den Hochschulen (vgl. auch Schomburg et al. 2013). Befristete Arbeitsverträge treten hingegen auch nach der Promotion häufig auf. Eine unbefristete Beschäftigung geben 51 Prozent der Promovierten an (bei den Promovierenden waren es 10 Prozent). Der Großteil der befristeten Beschäftigungen finden sich, wie nicht anders zu erwarten war, im wissenschaftlichen Bereich. Die Promovierten, die an Hochschulen und Forschungseinrichtungen tätig sind, haben nur zu 12 Prozent unbefristete Stellen. In der Privatwirtschaft sieht dies sehr anders aus: Dort haben 88 Prozent eine unbefristete Beschäftigung.

6.3 Einkommen

Auch beim Einkommen zahlt sich die Promotion für die Absolventinnen und Absolventen aus. Sie verdienen im Durchschnitt 4.357 Euro im Monat brutto (nur Vollzeitbeschäftigte). Das sind 28 Prozent mehr, als die Diplomabsolventen von Universitäten und 76 Prozent mehr als Magisterabsolventen verdienen (vgl. Abbildung 5).

Abbildung 5   *Durchschnittliches Einkommen nach Abschlussart und Geschlecht (Bruttomonatseinkommen in Euro; nur Universitätsabschlüsse; nur Vollzeiterwerbstätige)*

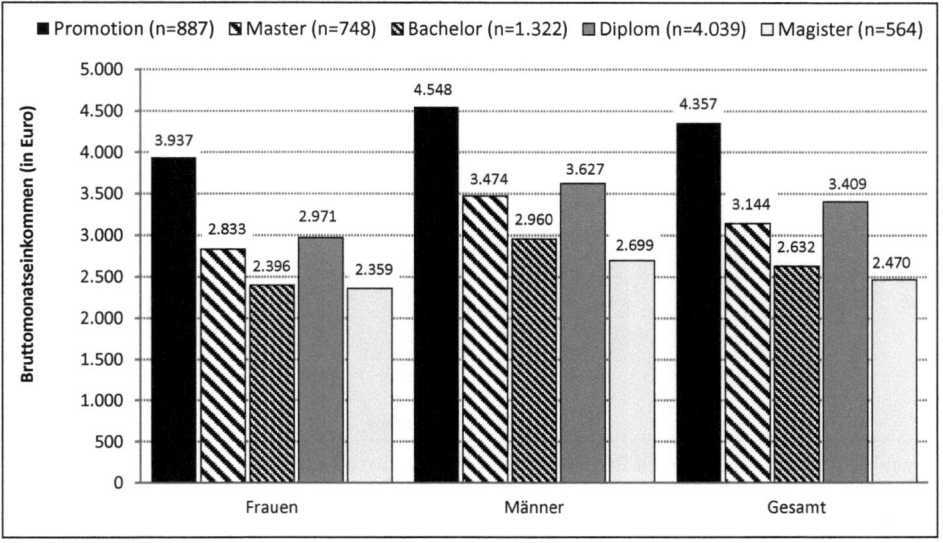

Frage H10: Wie hoch ist derzeit Ihr monatliches Brutto-Einkommen (inkl. Sonderzahlungen und Überstunden)?
Quelle: INCHER-Kassel, KOAB-Absolventenbefragung 2012 (Jahrgang 2010).

Diese erheblichen Unterschiede sind allerdings zu einem Großteil durch die Fächerzusammensetzung bei den unterschiedlichen Abschlussarten bedingt. So befinden sich unter den Promovierten z. B. viele Medizinerinnen und Mediziner, die ein vergleichsweise hohes Einkommen erzielen. Die Einkommensunterschiede fallen je nach Fächergruppe verschieden aus, dennoch lässt sich feststellen, dass auch innerhalb jeder einzelnen Fächergruppen Promovierte deutlich häufiger in höhere Einkommensgruppen fallen als nicht promovierte Absolventinnen und Absolventen (vgl. Konsortium BuWiN 2013: 262, 276). Auch bei den Promovierten zeigen sich deutliche Einkommensunterschiede zwischen Männern und Frauen: Die promovierten Männer verdienen durchschnittlich 16 Prozent mehr als die promovierten Frauen (nur Vollzeitstellen).

Promovierte, die in der Privatwirtschaft tätig sind, verdienen im Durchschnitt ein Drittel mehr als diejenigen, die an Hochschulen/AuFE tätig sind.[3] In einzelnen Fächern sind die Einkommensunterschiede nach Sektor geringer, so zum Beispiel bei den Promovierten der Biologie und Chemie (vgl. Abbildung 6).

Abbildung 6   Durchschnittliches Einkommen nach Abschlussart und Sektor in ausgewählten Fächergruppen (Bruttomonatseinkommen in Euro; nur Vollzeiterwerbstätige)

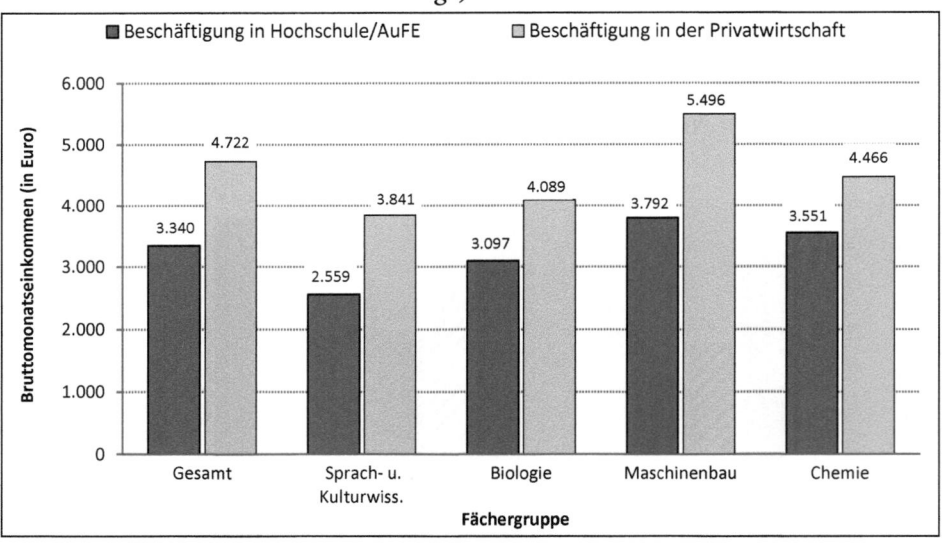

Frage H10: Wie hoch ist derzeit Ihr monatliches Brutto-Einkommen (inkl. Sonderzahlungen und Überstunden)?
Quelle: INCHER-Kassel, KOAB-Absolventenbefragung 2012 (Jahrgang 2010).

---

3   Zu ähnlichen Ergebnissen kommen Falk und Küpper (2013) bei der Untersuchung bayerischer Absolventinnen und Absolventen.

6.4   Zufriedenheit mit der beruflichen Situation

Fasst man die berufliche Situation der Promovierten zusammen, sieht man bei mehreren Aspekten eine Verbesserung im Vergleich zu Hochschulabschlüssen mit einem geringeren Qualifikationsniveau. Wirkt sich dies positiv auf die Zufriedenheit der Promovierten mit ihrem Beruf aus? 70 Prozent der Promovierten geben eine hohe Zufriedenheit mit ihrer beruflichen Situation an. Damit sind sie etwas zufriedener als der Durchschnitt aller Hochschulabsolventen (63 Prozent). Absolventinnen und Absolventen mit einem Universitäts-Diplom geben allerdings fast ebenso häufig eine hohe Zufriedenheit mit der beruflichen Situation an (Diplom Uni: 69 Prozent, die geringste Zufriedenheit findet sich mit 46 Prozent bei den Magisterabsolventen)[4] (jeweils nur erwerbstätige Absolventinnen und Absolventen). Mit dem höheren Qualifikationsniveau der Promovierten steigen möglicherweise auch die Erwartungen. Und wie sieht die Berufszufriedenheit bei denen aus, die – trotz der insgesamt positiven Gesamtsituation für Promovierte – eine etwas schlechtere Berufssituation haben? Die Biologinnen und Biologen, die häufiger erwerbslos sind und vergleichsweise länger nach einer Beschäftigung suchen, sind auch etwas seltener mit ihrer Situation zufrieden. Nur 62 Prozent geben eine hohe Zufriedenheit mit der beruflichen Situation an. Die unsicheren Arbeitsbedingungen an Hochschulen wirken sich hingegen nicht negativ auf die allgemeine Berufszufriedenheit aus. Promovierte, die an Hochschulen oder Forschungsinstituten tätig sind, sind so zufrieden (71 Prozent) wie der Durchschnitt aller Promovierten. Dies entspricht den Erfahrungen aus der aktuellen Studie von Grühn et al. (2009), die zeigt, dass die Angehörigen des wissenschaftlichen Mittelbaus ihre zuweilen „objektiv prekäre" Arbeitssituation subjektiv nicht als solche empfinden (ebd.: 7).

7   Zusammenfassung

Die Ergebnisse der KOAB-Befragung zeigen, dass sich die berufliche Situation der promovierten Absolventinnen und Absolventen überwiegend positiv darstellt. Zwar gibt es Abweichungen, beispielsweise aufgrund des fachlichen Hintergrundes, aber „prekäre" berufliche Situationen und Erwerbslosigkeit sind bei Promovierten eine Ausnahme. Die berufliche Situation stellt sich auch im Vergleich zu Absolventinnen und Absolventen ohne Promotion eindeutig besser dar. Dies trifft nicht nur auf die Höhe des Einkommens zu, sondern auch die Passung

---

4   Hohe berufliche Zufriedenheit (Werte 1 und 2 auf einer Skala von 1–5): Promotion: 70 %, Diplom Uni: 69 %, Master Uni: 65 %, Lehramt: 65 %; Staatsexamen (ohne Lehramt): 64 %, Bachelor Uni: 54 %; Magister Uni: 46 %. Master FH: 66 %, Bachelor FH: 63 %, Diplom FH: 61 %. Jeweils nur erwerbstätige Absolventinnen und Absolventen.

von Qualifikationsniveau und fachlicher Nähe ist hoch. Es lassen sich demnach für die große Mehrheit der Promovierten keine Überqualifizierung oder fachfremde Tätigkeit feststellen.

Bei den Absolventinnen und Absolventen, die sich noch in der Promotionsphase befinden, bleiben die Beschäftigungsbedingungen hinsichtlich Befristung und Stellenvolumen deutlich hinter den Bedingungen für Nicht-Promovierende zurück. Dies gilt in besonderem Maße für die Beschäftigung an Hochschulen/AuFE, die zugleich den wichtigsten Arbeitgeber in der Promotionsphase darstellen. Allerdings ist die Passung von Studium und Erwerbstätigkeit ausgesprochen hoch, so dass die Promovierenden insgesamt zufriedener mit ihrer beruflichen Situation sind als die Nicht-Promovierenden.

Ein Viertel der Absolventinnen und Absolventen auf Diplom- und Masterniveau beginnt nach dem Studium eine Promotion, je nach Abschluss und Fach können diese Anteile noch deutlich höher ausfallen. Für die kommenden Jahre wird die Entwicklung für Fachhochschulabsolventen interessant werden, da hier durch den Masterabschluss ein weiterer Anstieg der Promovierendenquote erwartet werden kann. Ebenso wird es eine anhaltende Frage sein, ob sich die – insbesondere in einigen Fächergruppen auftretende – Geschlechterdiskrepanz bei der Aufnahme einer Promotion in Zukunft tatsächlich nivellieren wird.

Zugleich wird deutlich, dass nur knapp die Hälfte der Promovierten 1,5 Jahre nach der Promotion in der Wissenschaft tätig ist, die andere Hälfte hat eine nicht wissenschaftliche berufliche Laufbahn eingeschlagen. Aus früheren Studien ist bekannt, dass der Anteil der Promovierten in Hochschullaufbahnen mit weiterem Abstand zur Promotion noch geringer werden wird (vgl. Enders und Bornemann 2001). An Hochschulen und außeruniversitären Forschungseinrichtungen stehen die Beschäftigungsbedingungen der Promovierten hinsichtlich Einkommen, Befristung von Arbeitsverträgen deutlich hinter den Beschäftigungsbedingungen in anderen Sektoren zurück. Dennoch ist die berufliche Zufriedenheit der Promovierten auch in diesem Bereich vergleichsweise hoch. Aufgrund der hohen Bedeutung des außeruniversitären und nicht wissenschaftlichen Arbeitsmarkts für Promovierte lohnt sich aber neben dem Blick auf den Arbeitsmarkt Wissenschaft auch ein vermehrtes Augenmerk auf andere Tätigkeitsbereiche.

Literatur

Auriol, L. (2010): Careers of Doctorate Holders: Employment and Mobility Patterns. STI Working Paper 2010/4, OECD.

Bloch, R. und Burkhardt, A. (2010): Arbeitsplatz Hochschule und Forschung für wissenschaftliches Personal und Nachwuchskräfte. Arbeitspapier 207, Hans-Böckler-Stiftung, Düsseldorf. URL: http://www.boeckler.de/pdf/p_arbp_207.pdf (Abrufdatum: 20.08.2014).

Bundesministerium für Bildung und Forschung (BMBF) (2008): Bundesbericht zur Förderung des Wissenschaftlichen Nachwuchses (BuWiN). Bonn, Berlin.

Bundesministerium für Bildung und Forschung (BMBF) (2010): Bundesbericht Forschung und Innovation 2010. Bonn, Berlin.

Enders, J. und Bornemann, L. (2001): Karriere mit Doktortitel? Ausbildung, Berufsverlauf und Berufserfolg von Promovierten. Frankfurt a.M.: Campus.

Falk, S. und Küpper, H.U. (2013): „Verbessert der Doktortitel die Karrierechancen von Hochschulabsolventen?" In: Beiträge zur Hochschulforschung, 35/1, S. 58–77.

Grühn, D.; Hecht, H.; Rubelt, J. und Schmidt, B. (2009): Der wissenschaftliche „Mittelbau" an deutschen Hochschulen. Zwischen Karriereaussichten und Abbruchtendenzen. verdi, Berlin.

Hüther, O. und Krücken, G. (2011): „Wissenschaftliche Karriere und Beschäftigungsbedingungen". In: Soziale Welt 62/3, S. 305–325.

Jaksztat, S.; Schindler, N und Briedis, K. (2010): „Wissenschaftliche Karrieren. Beschäftigungsbedingungen, berufliche Orientierungen und Kompetenzen des wissenschaftlichen Nachwuchses". Forum Hochschulen 14. HIS, Hannover.

Janson, K.; Schomburg, H. und Teichler, U. (2007): Wege zur Professur. Qualifizierung und Beschäftigung an Hochschulen in Deutschland und den USA. Münster: Waxmann.

Kehm, B. (2010): „Die beruflichen Perspektiven von Nachwuchswissenschaftler/innen". In: Borgwardt, A. (Hg.): Der lange Weg zur Professur. Friedrich-Ebert-Stiftung, Berlin, S. 9–16.

KMK (2000): Zugang zur Promotion für Master-/Magister- und Bachelor-/Bakkalaureusabsolventen, Beschluss der Kultusministerkonferenz vom 14.04.2000. URL: http://www.kmk.org/fileadmin/veroeffentlichungen_beschluesse/2000/2000_04_14-Laufbahn-Zuordnung-Bachelor-Master.pdf (Abrufdatum: 20.08.2014).

Konsortium Bundesbericht Wissenschaftlicher Nachwuchs (BuWiN) (Hg.) (2013): Bundesbericht Wissenschaftlicher Nachwuchs 2013. Statistische Daten und Forschungsbefunde zu Promovierenden und Promovierten in Deutschland. Bielefeld: wbv.

Kreckel, R. (Hg.) (2008): Zwischen Promotion und Professur. Das wissenschaftliche Personal in Deutschland im Vergleich mit Frankreich, Großbritannien, USA, Schweden, den Niederlanden, Österreich und der Schweiz. Leipzig: Akademische Verlagsanstalt.

Meyer, H; Burkhardt, A.; Schulze, H.; Krempkow, R.; Erhardt, K; Fuchslocher, E. und Hüttmann, J. (2008): „Promotionsphase". In: Burkhardt, A. (Hg.): Wagnis Wissenschaft. Akademische Karrierewege und das Fördersystem in Deutschland, Leipzig: Akademische Verlagsanstalt, S. 113–222.

Opitz, C. (2008): „Der Doktortitel als ‚Karrieresprungbrett' für High Potentials?". In: zfo, H. 2, S. 68–73.

Schomburg, H.; Flöther, C. und Wolf, V. (2013): Wandel von Lehre und Studium an deutschen Hochschulen – Erfahrungen und Sichtweisen der Lehrenden. Projektbericht. Kassel: International Centre for Higher Education Research (INCHER-Kassel), Universität Kassel. URL: http://www.hrk-nexus.de/uploads/media/HRK_nexus_LESSI.pdf (Abrufdatum: 20.08.2014).

Wolters, M. und Schmiedel, S. (2012): Promovierende in Deutschland 2010. Wiesbaden: destatis/Statistisches Bundesamt (Hg.).

Kerstin Janson

Die Bedeutung von Absolventenstudien für die Hochschulentwicklung

Zusammenfassung einer empirischen Studie

1 Einleitung

Dieser Beitrag beschäftigt sich mit der institutionellen Nutzung von Absolventenstudien. Im Rahmen von Akkreditierungsanforderungen und der Einführung von Qualitätsmanagementsystemen wird erwartet, dass die Hochschulen sich im Sinne des unternehmerischen Handelns mit Input- und Output-Faktoren von Forschung und Lehre auseinandersetzen und diese unter Aspekten der Qualitätsverbesserung diskutieren (Kaufmann 2009; Kloke und Krücken 2012). Im Rahmen dieser Entwicklung verändert sich auch der Charakter von Absolventenstudien (vgl. Janson 2012). Der berufliche Erfolg von Hochschulabsolventinnen und -absolventen wird als ein Indikator der Hochschulleistung angesehen. Es wird erwartet, dass die Hochschulen sich mit den Berufsverläufen von Absolventinnen und Absolventen als Indikator für den Output und den Outcome ihrer Lehrleistung auseinandersetzen und daraus Rückschlüsse für die Studiengangs- und Curriculumsentwicklung ziehen.[1] Das Feedback von Absolventinnen und Absolventen wird im Amerikanischen als sogenannter „Alumni Advantage" zusammengefasst, denn Absolventinnen und Absolventen sind in der einzigartigen Position, das gesamte Studium rückblickend aus ihrer gegenwärtigen Situation und Erfahrung bewerten zu können.[2] Entsprechend wird gefordert, dass Absolventenstudien ein Instrument des hochschulspezifischen Qualitätsmanagements bilden sollten (vgl. z. B. Federkeil, Giebisch und Hener 2005). Ob diese von außen an die Hochschulen herangetragenen Forderungen in den Hochschulen tatsächlich umgesetzt werden oder ob es bei einer unreflektierten Durchführung der Absolventenstudie bleibt, ist die Leitfrage des vorliegenden Beitrags.

Im nachfolgenden Text sollen einige Kernergebnisse der abgeschlossenen Dissertation mit dem Titel: „Die Bedeutung von Absolventenstudien für die

---

1 Eine detaillierte Untersuchung dieser Thematik findet sich in der Dissertation, die unter dem Titel „Absolventenstudien. Ihre Bedeutung für die Hochschulentwicklung" veröffentlicht wurde (Janson 2014).

2 *„Alumni are the only constituency that can determine if curricular or program changes have the ability to weather the test of time. [...] they can provide longitudinal information that is difficult to get anyplace else"* (Shoemaker 1999: 86).

Hochschulentwicklung. Eine empirische Betrachtung des Instruments der Absolventenstudien für die Organisation Hochschule" vorgestellt werden. Die empirische Basis der Dissertation ist das Kooperationsprojekt Absolventenstudien (KOAB) des INCHER-Kassel. Die Projektkoordinatoren der 48 Hochschulen, welche an der Befragung des Absolventenjahrgangs 2007 teilnahmen, wurden im Projektverlauf zweimal zu der Verwendung der Absolventendaten schriftlich befragt. Die erste Befragung fand direkt vor der Feldphase im September 2008 während eines Projektworkshops in Kassel statt („Klassenzimmerverfahren"). Zusätzlich wurden Fragebogen mit Erinnerungsschreiben (Reminder) im Anschluss an die Tagung per E-Mail versandt. Insgesamt haben 40 Hochschulen den Fragebogen beantwortet. Themen dieser ersten Befragung waren primär die Implementierung, Ausstattung und Institutionalisierung von Absolventenstudien innerhalb der Hochschule.

Die zweite Befragung fokussierte auf die Auswertung und Dissemination sowie Nutzung der Daten und wurde ca. acht Monate nach Ende der Feldphase und 4–5 Monate nach Datenlieferung während der Abschlusstagung des Projektdurchlaufs im Oktober 2009 durchgeführt. Wiederum wurden die Fragebogen im Nachgang per E-Mail mit einem kurzen Reminder versandt, sodass insgesamt 37 Fragebogen ausgewertet wurden. Als Basis für die nachfolgende Darstellung dienten die Angaben von 33 Hochschulen, von denen beide Fragebogen ausgefüllt vorlagen.

Darüber hinaus wurden 2010 in sechs vertiefenden Fallstudien die fördernden und hemmenden Faktoren eines effektiven Umgangs mit Absolventendaten in der Hochschule untersucht.[3] Die Fallstudien konzentrierten sich ausschließlich auf die teilnehmenden Universitäten. Auf Basis der schriftlichen Befragung wurden sechs „Extremfälle" ausgesucht (Gläser und Laudel 2004: 95), d. h. drei Universitäten, welche auf Basis des zugrundeliegenden theoretischen Modells (Feinstein 2002) eine geringe Verwendung der Ergebnisse der Absolventenstudien vermuten ließen, sowie drei Universitäten, welche entsprechend eine häufige Verwendung von Fallstudien vermuten ließen. Konkret wurden drei Universitäten ausgesucht, welche laut ihren Angaben im Fragebogen bei der Befragung des Absolventenjahrgangs 2007 eine gute Ressourcenausstattung hatten, die Hochschulöffentlichkeit aktiv in den Befragungsprozess involvierten, deren Hochschulleitung das Projekt aktiv unterstützte und welche vielfältige und zahlreiche Wege der Ergebnisdistribution gewählt hatten und drei Hochschulen, bei denen dies nicht oder nur teilweise der Fall war.

---

3   Die Fallstudien setzen sich aus Interviews und Analysen von Dokumenten sowie dem Internetauftritt der Universität zusammen. Die Interviews mit den Projektkoordinatoren wurden im Herbst 2010 geführt und mit Nachfrageinterviews von April bis September 2012 ergänzt. Im Anschluss wurde sukzessive die Fallstudie erstellt und den befragten Projektkoordinatoren zur kommunikativen Validierung zugeschickt.

Kernhypothese der Untersuchung war, dass Absolventenstudien ein vielfältiges Potenzial für die Hochschulentwicklung haben. Neben ihrem primären Einsatz für die Studiengangentwicklung und die Verbesserung der Angebote im Bereich der Studienberatung, der Career Services sowie der Alumni-Arbeit, wird der Einsatz von Absolventenstudien im Rahmen von Evaluationen, Akkreditierungen und dem Qualitätsmanagement von Studium und Lehre gefordert (vgl. ausführliche Darstellung in Janson 2008; 2012). Bisher wurde allerdings noch nicht untersucht, in welchem Maße diese Forderungen und Potenziale von den Hochschulen umgesetzt wurden. Deshalb werden im folgenden zwei Themen dargestellt: im ersten Teil werden, gegliedert nach den potenziellen Anwendungsfeldern, die Ergebnisse der Studie zusammengefasst und positive Beispiele der Verwendung der Absolventendaten innerhalb von einzelnen Hochschulen beschrieben. Im Anschluss an diese Darstellung werden die Ergebnisse von fördernden und hemmenden Faktoren der Nutzung kurz wiedergegeben und Handlungsempfehlungen für Hochschulen formuliert.

2 Potenzielle Anwendungsfelder von Absolventenstudien

Die folgende Abbildung gibt einen Überblick über die potenziellen Anwendungsfelder von Absolventenstudien. Die kreisförmige Anordnung verdeutlicht, dass Absolventenstudien abhängig von der intendierten Nutzung eine große Vielfalt an Themen abdecken können. So steht z. B. in lateinamerikanischen Ländern im Gegensatz zu Deutschland nicht der berufliche Erfolg, sondern die bürgerschaftliche Teilhabe der Hochschulabsolventinnen und -absolventen im Mittelpunkt des Interesses.[4] Entsprechend werden häufiger Aspekte wie das freiwillige Engagement der Absolventinnen und Absolventen oder deren Spendenbereitschaft erhoben. Generell prägt das Forschungsinteresse des durchführenden Projektteams neben der Themenauswahl auch die Methodik der Studie. Steht der Übergang vom Studium in den Beruf im Vordergrund, wird zeitnaher am Hochschulabschluss befragt. Bei Untersuchung einer bestimmten Subgruppe wie z. B. Studierender mit Migrationshintergrund muss das Sample größer gewählt werden als wenn der durchschnittliche Berufsverlauf dargestellt werden soll.

---

4 Erfahrungen der Autorin im Rahmen des zweiten GRADUA2 Projektteamtreffens (Gradua2 – Graduate Follow-up in Latin America and Europe) in Monterrey (Mexiko) im März 2005. Hier trugen mehrere Hochschulen vor, wie sie mit Hilfe von Absolventenstudien die Quote der Freiwilligenarbeit und Spendenbereitschaft erheben, um zu reflektieren, inwieweit das Ziel ihrer Hochschule, engagierte Menschen auszubilden, erreicht wird. Des Weiteren haben die amerikanischen Autoren Bok und Bowen (1998) in ihrem Buch „Shape of the River" untersucht, welchen Einfluss die besuchte Hochschule auf das bürgerschaftliche Engagement hat.

Die Abbildung differenziert zwischen verschiedenen Funktionen von Absolventenstudien. Bis zu den 1980/90er Jahren waren Absolventenstudien ein Instrument der sozialwissenschaftlichen Forschung (*Forschungsfunktion*). Nur wenige Hochschulen nutzten es für die Selbstreflexion im Sinne eines „institutional
research"; in den letzten Jahrzehnten hat diese Funktion allerdings an Bedeutung
gewonnen. Im Sinne einer innerinstitutionellen Forschung erfüllen Absolventenstudien unterschiedliche Funktionen. Werden die Daten als Grundlage zur Analyse bestimmter Fragen eingesetzt, z. B. nach den Zielerreichungsprozessen einer
Studienreform oder im Rahmen eines Akkreditierungsprozesses, so kann von
einer *Evaluationsfunktion* von Absolventendaten gesprochen werden. Dienen die
Daten als Informationsgrundlage zukünftiger Entscheidungen oder werden die
Ergebnisse in der Studienberatung oder im Rahmen der Berufsberatung (Career
Service) eingesetzt, erfüllen sie eine *Informationsfunktion*.

Abbildung 1   Potenziale von Absolventenstudien – das Zwiebelmodell

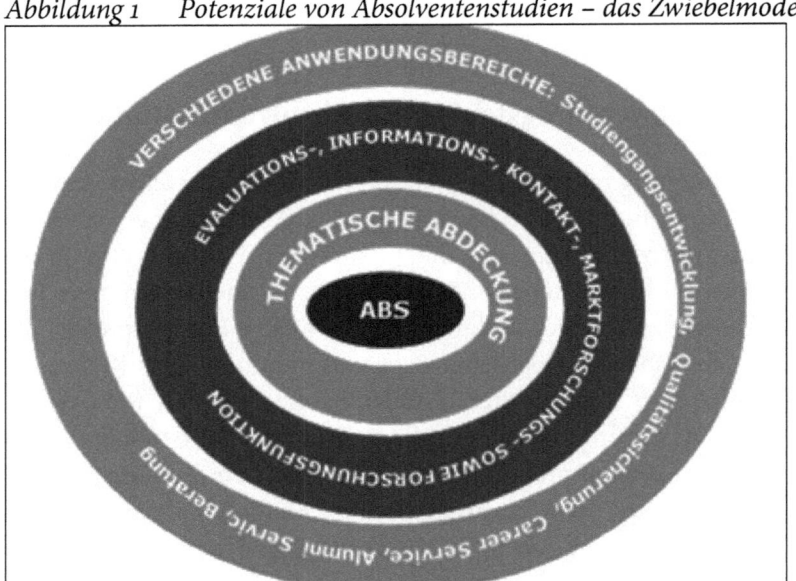

Quelle: Eigene Darstellung

Die Absolventenstudie selbst hat schon vor der Auswertung ihrer Daten eine
Kontaktfunktion. Absolventinnen und Absolventen werden nach ihrem Weg-
gang von der Hochschule im Namen der Hochschule angeschrieben und damit
kontaktiert. Oft ist dies seit dem Hochschulabschluss der erste Kontakt mit der
Hochschule. Abhängig von den Zielen und der Ausgestaltung der Absolventenstudie kann des Weiteren von einer Akquise- und Marktforschungsfunktion gesprochen werden. Der Kontakt zu den Absolventinnen und Absolventen
kann als Akquisemittel für die Alumni-Vereinigung genutzt werden, indem ein

Aufnahmeblatt bzw. der Link zum Onlineformular mitgeschickt wird. Von einer Marktforschungsfunktion kann gesprochen werden, wenn Fragen in die Absolventenstudie aufgenommen werden, welche das Interesse an geplanten oder existierenden Weiterbildungs- oder Serviceangeboten der Hochschule für die Absolventinnen und Absolventen erheben. Diese Daten können für das Marketing und die Angebotsentwicklung ausgewertet werden.

Im Fokus dieses Beitrags steht die Betrachtung von Absolventenstudien als Instrument der Selbststeuerung und Selbstreflexion der Hochschule selbst. Sie sind somit ein Element der innerinstitutionellen Hochschulforschung, deren Zielsetzung Auferkorte-Michaelis (2008: 88 f.) definiert als:

> „Informationen für die institutionelle Planung, die Formulierung von institutionellen Zielen und die Entscheidungsfindung bereit zu stellen. Dafür werden systematisch Daten gesammelt und Studien erstellt, die zum Verständnis und zur Interpretation der Institution und ihrer Prozesse beitragen sollen, die Entscheidungsfindung optimieren […] (und) zur Verbesserung der Effizienz und Effektivität der Institution führen.“

Gemäß dieser Definition können Absolventenstudien innerhalb der Hochschulverwaltung aber auch innerhalb des Student Services für die Evaluation, Information und Planung eingesetzt werden. Neben der von den Akkreditierungsagenturen geforderten Studiengangsentwicklung innerhalb der Fachbereiche haben Absolventenstudien somit innerhalb der Hochschule zahlreiche Anwendungsbereiche wie Qualitätsmanagement, Studiengangsentwicklung, Akkreditierung, Career- und Alumni-Services sowie die Studienberatung. Im Folgenden werden diese Anwendungsbereiche beschrieben und anhand der Ergebnisse der durchgeführten Befragungen reflektiert, inwieweit eine Nutzung von Absolventendaten innerhalb dieser Bereiche tatsächlich stattfindet.

Erstes Anwendungsfeld: Qualitätsmanagement

84 Prozent der befragten KOAB-Mitgliedshochschulen nannten die Eingliederung von Absolventendaten in das Qualitätsmanagement als Motivation für die Entscheidung, am Kooperationsprojekt teilzunehmen. Erst mit Abstand folgte der Faktor „anstehende Reakkreditierungen“ mit 69 Prozent auf dem zweiten Platz. Die Motivation Absolventenstudien ins Qualitätsmanagement einzugliedern, entspricht den Anforderungen der Akkreditierungsagenturen an die Systemakkreditierung, welche nach Aussagen von Projektkoordinatoren perspektivisch angestrebt wird. Entsprechend ist das Projekt bei 70 Prozent aller beteiligten Hochschulen vollständig oder teilweise im Bereich Qualitätsmanagement und/oder Qualitätssicherung angesiedelt, welche kurz- oder mittelfristig planen,

ein Qualitätsmanagementsystem unter Einbezug von Absolventenstudien einzuführen.

Die Fallstudien bestätigen die Beobachtungen von Nickel (2007) und Kaufmann (2009), dass sich die Einführung eines Qualitätsmanagementsystems an den meisten deutschen Hochschulen noch in der Entwicklungs- bzw. Pilotphase befindet. An den sechs betrachteten Hochschulen planten fünf die Eingliederung der Absolventendaten ins zukünftige Qualitätsmanagementsystem. Ein verabschiedetes Qualitätsmanagementsystem, das sich bei der Befragung in der Pilotphase befand, konnte nur an einer Hochschule gefunden werden.

An den anderen Hochschulen konnte über einzelne Qualitätssicherungsmaßnahmen berichtet werden. So bestand an einer Hochschule die Empfehlung, dass Ergebnisse der Absolventenstudie in die regelmäßigen Lehrberichte mit aufgenommen werden. Dies geschah abhängig vom Fachbereich in unterschiedlicher Intensität, wie die Bereitstellung beispielhafter Lehrberichte belegte. Die Entwicklung und Umsetzung eines zentralen hochschulweiten Qualitätsmanagementsystems scheint häufig an der Komplexität der Aufgabe und den dafür notwendigen Personalressourcen zu scheitern. Während auf Fachbereichsebene vereinzelt Qualitätsmanagementsysteme entwickelt und umgesetzt wurden, sind für die Entwicklung eines zentralen Systems nicht nur verschiedene Fachkulturen zu berücksichtigen, sondern auch ein Vielfaches an Datenmengen zu analysieren und Abstimmungsprozesse zu koordinieren.

Die Art der Implementation der Absolventenstudie beeinflusst wesentlich die späteren Anwendungsbereiche. Bei den sechs betrachteten Hochschulen waren an zwei Hochschulen die Projektkoordinatoren der Studie dezentral außerhalb einer Stabsstelle oder der Verwaltung positioniert (dezentrale Implementierung). Im Gegensatz zu den vier anderen befragten Projektkoordinatoren äußerten sich diese zwei Projektkoordinatoren kritisch hinsichtlich einer stärkeren Einbindung der Absolventenstudie in das Qualitätsmanagement. An diesen zwei Universitäten zielte der Einsatz von Absolventenstudien nicht auf ein zentrales Steuerungsinstrument, sondern die Fachbereiche sollten über den Umgang mit den Daten selbst entscheiden.

Zweites Anwendungsfeld: Akkreditierung

Die Anforderungen der Akkreditierungsagenturen waren ein zentraler externer Motivator für deutsche Hochschulen, sich mit dem Thema Absolventenstudien zu beschäftigen und führten letztendlich zur Entstehung des Kooperationsprojekts Absolventenstudien (Janson 2006). 69 Prozent der befragten Hochschulen bewerteten anstehende Reakkreditierungen als hohen oder sehr hohen Einflussfaktor auf die Entscheidung am Kooperationsprojekt teilzunehmen.

Die Rolle von Akkreditierungsanforderungen als externer Druck auf die Hochschulen Absolventenstudien durchzuführen, bestätigte sich des Weiteren in den sechs Fallstudien. Der Bereich der Akkreditierung ist der einzige Bereich, in dem fünf der sechs untersuchten Hochschulen über eine Verwendung der Daten berichten konnten und alle Hochschulen berichteten indirekt oder direkt davon, dass anstehende oder zukünftige (Re-)Akkreditierungen die Entscheidung zur Durchführung von Absolventenstudien wesentlich beeinflusst haben.

Die Art der Nutzung differenzierte allerdings stark nach Hochschule und Fachbereich. In vielen Fällen blieb es bei einer Art „symbolischer Nutzung" (Weiss et al. 2005), d.h. im Akkreditierungsantrag wird auf die Studie und die Mitgliedschaft im Kooperationsprojekt Absolventenstudien verwiesen. Eine tiefergehende Beschäftigung mit den Ergebnissen fand in den Berichten aber nicht statt. Leider wurden der Verfasserin nur wenige Akkreditierungsanträge zu Auswertung zur Verfügung gestellt, so dass diese Bewertung auf den Aussagen der Projektkoordinatoren sowie den wenigen Akkreditierungsanträgen beruht, die der Autorin zur Verfügung gestellt wurden. Ein Projektkoordinator kommentiert den unkritischen und unreflektierten Umgang mit den Absolventendaten damit, dass die Fachbereiche bei der Interpretation der Ergebnisse gerne pauschal auf die „Fachkultur" verweisen würden. Nach seiner Erfahrung bewirkte nur eine vorgegebene provokative Interpretation der Daten durch Dritte einen Widerspruch, der dann zu einer eigenen tiefergehenden Beschäftigung mit den und Interpretation der Daten führt.

Die Konzentration der Studie auf die Befragung des Jahrgangs 2007 erschwert die abschließende Beurteilung der Verwendung von Absolventendaten für die Akkreditierung. An vielen Hochschulen fand die Umstellung auf Bachelor- und Masterabschlüsse relativ spät statt, so dass dieser Jahrgang an manchen Hochschulen oder Fächern nur wenige oder gar keine Absolventinnen und Absolventen der neuen Abschlüsse vorzuweisen hatte.

Positiv vermerkten alle Projektkoordinatoren, dass die anstehenden (Re-) Akkreditierungen das Interesse der Fachbereiche am KOAB-Projekt allgemein erhöhten. Mit Ausnahmen waren dies die einzigen Zeitpunkte, bei denen aktiv Nachfragen aus den Fachbereichen zu der Studie kamen. Allerdings wird dieses Interesse oft als temporär und oberflächlich beschrieben, wie das nachfolgende Zitat eines Projektkoordinators verdeutlicht:

> „Ja, es gibt immer ein paar Rückfragen. Mhm, (..) aber so richtig groß ist das Interesse wie gesagt immer erst, wenn sie dann für Akkreditierung oder so die Zahlen brauchen (Lachen). Und dann wollen sie am liebsten auch einfach nur die Zahlen haben und sich nicht weiter damit beschäftigen. Also, es ist schwierig, da wirklich eine Diskussion zu führen mit den Leuten. (..) Weil es halt einfach, glaube ich, für die schwierig ist, die Ergebnisse wirklich zu interpretieren."

Drittes Anwendungsfeld: Studiengangsentwicklung

Den Anforderungen, Absolventenstudien in der Reakkreditierung und im Qualitätsmanagement einzusetzen, liegt die Annahme zugrunde, dass es einen Zusammenhang zwischen Curriculum und beruflichem Verbleib gibt – Studiengangs-
verantwortliche sollen auf der Basis der Ergebnisse von Absolventenstudien das
bestehende Curriculum reflektieren und ggf. Änderungen oder Anpassungen
vornehmen.[5] Die Verwendung der Absolventenbefragungsergebnisse für die Studiengangsentwicklung sollte somit das Hauptziel der Studienverantwortlichen
innerhalb der Hochschule sein. Allerdings ist diese Verwendung im Vergleich
der hier vorgestellten Anwendungsfelder der komplexeste Prozess. Die Besonderheit der Informationen über Absolventenverbleib ist, dass es unvollständige
Informationen sind. Einschlägiges Methoden- und Expertenwissen sowie in-
ternes Wissen ist nötig, um die Informationen richtig zu interpretieren und in
Handlungen umzusetzen. Andernfalls werden leicht falsche qualitative Schlüsse
auf Basis quantitativ-struktureller Daten getroffen (Teichler 2009). Bei der Interpretation von Absolventendaten für die Studiengangsentwicklung bekommen
die Schwächen von Absolventenstudien eine besondere Bedeutung. Bei der Einschätzung des Nutzens von im Studium erlangten Qualifikationen für die eigene
berufliche Tätigkeit werden die befragten Absolventinnen und Absolventen in
die Rolle eines Qualifikationsexperten gedrängt (Schomburg 2001).[6] Des Weiteren hat die Langsamkeit des Instruments Absolventenstudie hier ein besonderes
Gewicht. Bei einer Befragung, die zwei Jahre nach Studienabschluss stattfand,
und einer etwa halbjährigen Auswertungsphase liegen curriculare Bedingungen
eines Diplomstudiengangs bis zu fast acht Jahre zurück. Zur Einschätzung der
eigenen Ergebnisse, des „how much is much", sind außerdem Vergleichsdaten
ähnlicher Studiengänge unumgänglich.

Bei dem Einsatz von Absolventendaten für die Studiengangentwicklung müssen unterschiedliche Fachkulturen berücksichtigt werden. Zunächst sind gene-
relle Aussagen über den Einfluss des Curriculums auf den beruflichen Verbleib

---

5   Auf politischer Ebene nutzt der Wissenschaftsrat die HIS-Absolventenstudie, um
    auf Probleme und notwendige Neuerungen im Studienfach aufmerksam zu machen
    (Wissenschaftsrat 2002: 19).

6   Schomburg (2001: A.20) schildert den Fall, dass Anfang der 1970er Jahre Ingenieure
    in Absolventenstudien aufgefordert wurden, den prozentualen Anteil mathematisch-
    naturwissenschaftlicher, technischer und nicht technischer Kenntnisse in ihrer be-
    ruflichen Tätigkeit einzuschätzen. Diese Einschätzungen wurden mit den entspre-
    chenden Anteilen im Curriculum verglichen und auf Basis gefundener Diskrepanzen
    geschlossen, welche Studienanteile reduziert und welche ausgebaut werden sollten.

von Absolventinnen und Absolventen schwierig (Brennan et al. 1996: 13)[7] und schließlich ist die Gestaltung des Curriculums ein wesentliches Kernelement der akademischen Freiheit (Jones 1996: 137). Die Infragestellung des Curriculums auf Basis von häufig zentral oder sogar extern erhobenen Daten weckt Animositäten und wird als Einschnitt in die akademische Freiheit interpretiert. Intern führt der Ansatz zur Diskussion grundlegender Fragen, welche pointiert die Zieldefinition voraussetzen, ob die Hochschule „for the sake of itself" Bildung vermitteln will oder ob sie auf die eine oder andere Weise auf Arbeitsmarktanforderungen reagiert.

In der hier vorgestellten Studie zeigten schon die ersten Ergebnisse der beiden schriftlichen Befragungen, dass eine Durchdringung der dezentralen Strukturen (Fachbereiche) als notwendige Bedingung für den Anwendungsbereich der Studiengangsentwicklung schwierig ist. Zwar waren an knapp der Hälfte der Hochschulen die Dekane/Fachbereichsleitungen in der einen oder anderen Form in die Fragebogenentwicklung mit einbezogen worden und wurden an zwei Drittel der Hochschulen auch über die Ergebnisse informiert, aber auf Studiengangsebene (z. B. Studiengangsleitung, Lehrpersonal) fand dies nur an einzelnen Hochschulen statt.

Die Fallstudien geben einen tieferen Einblick in die Verwendung der Daten innerhalb der Fachbereiche und lassen erkennen, dass die Absolventendaten dezentral primär für zwei Zwecke genutzt wurden: zur Information und Evaluation. Informativ geschah dies zum einen mit der Zielsetzung der Berufsorientierung für Studierende, Studienanfänger und -interessierte auf vereinzelten Webseiten der Fachbereiche. Bei insgesamt drei Fachbereichen[8] konnten Hinweise auf die Absolventenstudie in Rubriken wie „nach dem Studium" oder „Arbeitsmarkt und Berufsfeld" gefunden werden. Konkrete Ergebnisse der Absolventenstudie wurden allerdings nur bei zwei Fachbereichen genannt. Der zweite thematische Kontext, in dem Hinweise auf die Absolventenstudie auf den Fachbereichsseiten gefunden werden konnte, war in der Beschreibung von am Fachbereich oder im Studiengang implementierten Qualitätssicherungskonzepten. Neben einem informativen Nutzen kann man hier entsprechend von einem symbolischen Nutzen im Sinne einer nach außen gerichteten Legitimierung sprechen.

An dieser Stelle ist anzumerken, dass ein Nebenergebnis der Internetanalyse ist, dass zwar die meisten Fachbereiche/Studiengänge Informationen über mögliche Berufsfelder und -chancen ihrer Absolventinnen und Absolventen bereitstellten, aber nur die wenigsten dabei auf die Ergebnisse von Absolventenstudien im Allgemeinen und noch weniger auf die eigenen Ergebnisse verwiesen. An

---

7 Brennan et al. (1996: 13) konstatieren, dass es recht wenig Forschung über den Zusammenhang von Curriculum und Berufsverbleib von Absolventinnen und Absolventen gibt. In der Regel verbleiben solche Analysen auf der Ebene einer Fallstudie.

8 Die drei Fachbereiche gehören verschiedenen Hochschulen an.

allen Hochschulen fehlte eine systematische Information und Verlinkung auf die eigene Absolventenstudie. Stattdessen wurde auf deutschlandweite Studien, Publikationen in großen deutschen Zeitschriften oder Studien von Fachverbänden hingewiesen.[9] Ein Hinweis auf die Ergebnisse der eigenen Studie oder deren Existenz unterblieb. An einer Hochschule führte die Unwissenheit über das Absolventenprojekt dazu, dass eine Fakultät die Alumni online bat, ein Feedback zu ihrem Berufsweg (Sektor, Unternehmen, Bewerbungsstrategie) zu geben, um das Angebot von Berufswegeveranstaltungen zu verbessern.

Der zweite Anwendungsbereich der Evaluation mit dem Ziel der Selbstreflexion und Weiterentwicklung des Studiengangs im Sinne eines konzeptionellen und instrumentellen Nutzens ist weitaus komplexer. An drei Hochschulen fand an maximal ein bis zwei Fachbereichen eine Nutzung der Daten zur Selbstreflektion und Evaluation des eigenen Lehrangebots statt. An zwei Hochschulen bestand aufgrund der offenen Datenpolitik des Projektteams für interessierte (Fach-) Bereiche die Möglichkeit, den Rohdatensatz für ihren jeweiligen Bereich zu erhalten und eigene Auswertungen zu berechnen. An beiden Hochschulen wurde diese Option aber nur von je einem Fachbereich nachgefragt und detaillierte eigene Ergebnisberichte erstellt. Diese Berichte sind interessante Beispiele dafür, wie unterschiedlich die Datenauswertung auf zentraler und dezentraler Ebene vorgenommen wird. Bestand ein akuter Anlass für die eigene Selbstreflexion, fand eine besonders intensive Auseinandersetzung mit den Daten statt. Derartige Anlässe waren zum Beispiel eine kürzlich stattgefundene Reformierung des Studienangebots. Bei den beiden Reformstudiengängen stand bei der Analyse der Absolventendaten der Vergleich zwischen Absolventinnen und Absolventen vor und nach der Reform im Mittelpunkt. Die definierten Reformziele sollten mit der Einschätzung der „neuen" Absolventinnen und Absolventen sowie der Berufsverläufe abgeglichen werden.

Vergleiche mit den bundesweiten Ergebnissen des Kooperationsprojekts erhöhten ebenso das Interesse und führten zu lebhaften Diskussionen. Bezogen auf die Kriterien des Wissensmanagements erleichterten die Vergleichswerte die Einordnung der eigenen Ergebnisse und erhöhten die Anschlussfähigkeit der Information. So fand beispielsweise eine vertiefte Diskussion der Daten für die Weiterentwicklung und Positionierung des eigenen Studiengangs in einem ingenieurwissenschaftlichen Fachbereich auf Basis einer beim INCHER-Kassel angeforderten Sonderauswertung statt, in der die Ergebnisse des Fachbereichs den bundesweiten Ergebnissen des gleichen Fachbereichs genübergestellt wurden.

---

9   An der Hochschule Z verweist z. B. der Fachbereich Physik auf eine IDW-Studie (Institut der Deutschen Wirtschaft) zum Arbeitsmarkt von Physikerinnen und Physikern.

Viertes Anwendungsfeld: Sonderauswertung für Verwaltung und Hochschulleitung

Nickel (2007: 39) schreibt, dass mit dem Aufkommen von Instrumenten der Qualitätssicherung eine „Unmenge an Daten produziert werden, die ungenutzt in Computersystemen und Archiven verstauben oder vorrangig zu legitimatorischen Zwecken, wie z. B. der Erfüllung von Berichtspflichten gegenüber dem Ministerium, genutzt werden". Die Nutzung der Absolventendaten für Sonderauswertungen im Auftrag der Hochschulleitung bestätigen dieses Bild. Schon kurz nach Ende der Feldphase war die Nennung der erhobenen Daten in Berichten an das Ministerium die am häufigsten genannte Nutzungsform. Bei den sechs Fallstudien, welche zwei bis drei Jahre nach der Feldphase erstellt wurden, ist die Sonderauswertung für Hochschulverwaltung und -leitung allerdings kein primäres Nutzungsfeld. Eine Hochschule wertet die Daten hinsichtlich der regionalen Mobilität ihrer Absolventinnen und Absolventen auf Anfrage des Ministeriums aus. Die beiden anderen Hochschulen nutzen die Sonderauswertungen für interne Zwecke. So ließ eine Hochschulleitung untersuchen, ob sich Absolventinnen und Absolventen mit Migrationshintergrund von denen ohne Migrationshintergrund unterschieden. Diese Hochschule hat traditionell einen vergleichsweise hohen Prozentsatz nicht traditioneller Studierender. Die Absolventendaten wurden somit für die strategische Frage genutzt, ob die Hochschule dem eigenen Anspruch der Förderung bildungsferner Gruppen gerecht wird. Bei der dritten Hochschule wurden die Daten im Rahmen interner Evaluationszwecke genutzt. Leider konnte in der Fallstudie nicht über Konsequenzen aus dieser internen Studiengangsevaluation berichtet werden.

In der Typologie der Nutzungsformen entsprechen Sonderauswertungen für die Hochschulleitung, abhängig von der nachfolgenden Verwendung dieser Sonderauswertungen, entweder der Bestätigung zuvor schon bestehender Haltungen und Meinungen (symbolischer Nutzen) oder aber der Schaffung eines Kontexts für Entscheidungsprozesse (instrumenteller Nutzen). Auch vier Jahre nach der Feldphase konnte allerdings keiner der interviewten Projektkoordinatoren über Entscheidungen berichten, welche auf Basis dieser Sonderauswertungen getroffen worden wären und einem instrumentellen Nutzen der Daten entsprochen hätte.

Fünftes Anwendungsfeld: Außendarstellung und Positionierung

Die Nutzung von Absolventendaten im Rahmen des Hochschulmarketings hat für die Mehrheit der teilnehmenden Hochschulen am Kooperationsprojekt keine zentrale Bedeutung. Erhofftes Ziel einer derartigen Verwendung ist die Annahme positiver Ergebnisse (wie z. B. unproblematischer Übergang in den Beruf, Durchschnittseinkommen) als Indikator für die Lehrqualität an der Hochschule.

Aus vereinzelter Berichterstattung in der Hochschulzeitung bzw. in einem Fall in der regionalen Presse kann nicht auf eine direkte Nutzung der Ergebnisse im Rahmen von klassischen Kommunikationsinstrumenten des Hochschul- bzw. Studierendenmarketings geschlossen werden. Die Ergebnisse wurden weder auf den Onlinepräsenzen der Hochschule intensiv beworben noch gab es Hinweise auf die Ergebnisse z. B. in Form von Informationsflyern für Studienanfänger und ihre Angehörigen etc. Einzig eine Hochschule verknüpfte die Information über einzelne Absolventinnen und Absolventen, welche in einer Interviewreihe der Hochschulzeitung in losen Abständen vorgestellt werden, mit dem Hinweis auf die Existenz einer Absolventenstudie.

Eine Dokumentenanalyse an den sechs betrachteten Hochschulen führte vielmehr zu der Aussage, dass bisher nicht die Ergebnisse der Absolventenstudien, sondern die Durchführung der Studie selbst als Qualitätsindikator von der Hochschule eingesetzt wird. Vier der sechs Hochschulen berichteten über die Teilnahme am Kooperationsprojekt in ihren Jahresberichten. Die Darstellung konzentrierte sich dabei in allen vier Fällen auf methodische und organisatorische Aspekte des Projekts. Nur eine Hochschule ging über die Darstellung einzelner Kernergebnisse hinaus und ergänzte diese durch Handlungsempfehlungen.

Sechstes Anwendungsfeld: Career Service

Die Verwendung von Absolventendaten für den Career Service scheint ein offensichtliches Anwendungsgebiet zu sein und wird in der Antwort eines Projektkoordinators auch so formuliert: „das ist ja eigentlich klar, dass der sehr interessiert ist". Trotz der offenkundigen thematischen Verbindung wird an vier von sechs Hochschulen das Interesse des Career Services an den Daten als gering beschrieben. Es besteht kein Interesse an den Daten oder an speziellen Sonderauswertungen, Einladungen zur Involvierung in die Fragebogenentwicklung werden nicht wahrgenommen. Zur Überprüfung der Nutzung von Absolventendaten wurde eine umfangreiche Onlinerecherche der Internetauftritte der sechs Universitäten vorgenommen. Auf keiner Homepage der Career Services konnten Hinweise auf die hochschuleigene Absolventenstudie oder ihre Ergebnisse gefunden werden. Hingegen wurden auf Fachschafts- und Studierendengruppenseiten zahlreiche Links zu Ergebnisberichten von Absolventenstudien anderer Hochschulen, zu zentralen Studien oder kommerziellen Studien entdeckt, welche das Interesse der Studierenden an derartigen Themen und die gleichzeitige Unkenntnis über die eigene hochschulweite Absolventenstudie belegen. Sehr deutlich wird diese Wissenslücke auf einer von Studierenden gepflegten „Fachschaftsseite", die sich zur Aufgabe gemacht hat, Informationen zu möglichen Berufsperspektiven von

Sozialwissenschaftlern zusammenzutragen. Dort wird auf mehrere Absolventenstudien von drei anderen Hochschulen hingewiesen, die z.T. noch nicht einmal spezifisch für Sozialwissenschaftler sind. Ein Hinweis auf die an der eigenen Hochschule existierende Absolventenstudie sowie deren Ergebnisse über die Berufsperspektiven der eigenen Absolventinnen und Absolventen fehlte jedoch.

Beispiele für eine Zusammenarbeit zwischen Absolventenprojekt und Career Service gab es an zwei Hochschulen, wenn auch in unterschiedlichem Maße. Eine sehr enge Zusammenarbeit lag an einer Hochschule vor, an der das Absolventenprojekt innerhalb des hochschulweiten Career Service angesiedelt war. Dort werden die Absolventenstudien z. B. für eine Berufsfeldanalyse genutzt, die wiederum in der Beratung eingesetzt werden soll. Parallel werden die Daten an dieser Universität auch für die Evaluation der eigenen Angebote im Bereich der Schlüsselkompetenzen analysiert.

Im zweiten Beispiel besteht keine derartige strukturelle und systematische Zusammenarbeit. Es finden aber unregelmäßige informelle Gespräche zwischen beiden Arbeitsbereichen statt. Des Weiteren gab es eine Sonderauswertung für den Career Service in Form einer internen Präsentation hochschulweiter, fachbereichsübergreifender Daten. Eine tiefergehende Beschäftigung mit den Daten sowie eine Auswertung für Beratungszwecke wurden durch die dezentrale Datenhoheit der Fachbereiche an der Hochschule verhindert: Die Auswertung und Weitergabe fachbereichs- oder studiengangsspezifischer Daten darf nicht ohne Freigabe durch die Fachbereiche an den zentralen Career Service erfolgen.

Siebtes Anwendungsfeld: Studienberatung

Studierende haben ein hohes Interesse an den Ergebnissen aus Absolventenstudien. Dieses zeigen Kommentare von Projektkoordinatoren sowie die Bereitstellung von Informationen und Links zu bundesweiten Absolventenstudien auf den Internetpräsenzen von studentischen Gruppen/Initiativen. Das Interesse an hochschuleigenen Absolventenstudien ist besonders hoch. Die Ergebnisse von hochschuleigenen Studien liegen näher an der eigenen Biographie als deutschlandweite Verbleibstatistiken. Der unproblematische Übergang ehemaliger Kommilitonen in den Beruf senkt Zukunftsängste und dient der Legitimation der eigenen Hochschul- und Studienwahl.

Allerdings kann an keiner der sechs betrachteten Hochschulen von einer Zusammenarbeit mit der Studienberatung, einer gemeinsamen Ergebnisdiskussion oder einer Anfrage dieser Institution berichtet werden. Das Interesse an dem Instrument Absolventenstudien wird insgesamt als gering eingeschätzt. An zwei Hochschulen wurden die Beratungseinrichtungen aufgefordert, sich an der Fragebogenentwicklung zu beteiligen, eine Hochschule hat die Studienberatung nach

Berichtslegung direkt mit der Frage eines Austausches angeschrieben. Trotzdem kann über keinen Austausch oder eine Ergebnisnutzung berichtet werden.

Hinsichtlich des methodischen Vorgehens ist einschränkend anzumerken, dass die obigen Aussagen auf den Interviews mit den Projektkoordinatoren in den Hochschulen beruhen sowie einer Onlinerecherche auf den Internetseiten der zentralen und dezentralen Studienberatungen. Die Verantwortlichen in der Studienberatung wurden nicht direkt kontaktiert, um zu erfragen, ob an sie geschickte Berichte gelesen wurden und somit erworbenes Wissen systematisch in Beratungsgespräche mit einfließen bzw. entsprechendes Informationsmaterial den Studierenden zur Verfügung gestellt wird.

Achtes Anwendungsfeld: Alumni-Arbeit bzw. Alumni-Service

Der Alumni-Service scheint zunächst inhaltlich eng verwandt mit dem Instrument der Absolventenbefragung. Beide richten sich an die Zielgruppe der Absolventinnen und Absolventen. Aufgabe des Alumni-Service ist die Bindung der Alumni an die Hochschule mit Hilfe von regelmäßigen Kontakt- und Informationsangeboten sowie der Vermarktung von Weiterbildungskursen. Als positive Effekte einer Bindung von Alumni werden die Funktionen von Alumni als Botschafter ihrer Hochschule (Imageträger), als Rekruiter zukünftiger Studierender (Multiplikator), als Ratgeber im Rahmen des Wissenstransfers sowie im Sinne des Fundraising als Zielgruppe für zukünftige Mittelakquise genannt (Lenecke 2005).

Absolventenstudien haben für die Alumni-Arbeit eine Informations-, eine Kontakt- sowie eine Marktforschungsfunktion. Der Ausbau des Alumni-Netzwerks an der jeweiligen Hochschule bedingt dabei das Verwendungspotenzial der Absolventenstudie. Bei einem schwach ausgebauten Alumni-Netzwerk hat eine Absolventenstudie den positiven Nebeneffekt, dass Adressen aktualisiert und im Anschreiben oder in einer Beilage ein Hinweis auf das Absolventennetzwerk erfolgen kann. Andersherum erleichtert eine intensive Alumni-Arbeit das Anschreiben von Absolventinnen und Absolventen. Im optimalen Fall einer Alumni-Datenbank, welche die Kontaktdaten aller Absolventinnen und Absolventen vollständig beinhaltet, ist eine weitere Adressaktualisierung nicht nötig und die Datenbank kann als Grundlage zum Anschreiben eines Jahrgangs genutzt werden.[10] Unabhängig vom Ausbau des Alumni-Netzwerkes haben Absolventenstudien eine Marktforschungsfunktion. Mit Hilfe eines entsprechenden Frageblocks – vorzugsweise am Ende des Fragebogens – können die Wünsche und

---

10 Zu beachten ist bei einer Nutzung der Alumni-Datenbank immer die Berücksichtigung der jeweiligen Datenschutzverordnungen. Die Alumni müssen ihre Adressen für Befragungen und ähnliche Anschreiben frei gegeben haben.

Erwartungen der Absolventinnen und Absolventen gegenüber ihrer Hochschule abgefragt werden bzw. vorhandene Angebote des Alumni-Netzwerks evaluiert werden, um das Angebot des Alumni-Service bzw. die Weiterbildungsangebote der Hochschule entsprechend zu gestalten.

Im Kooperationsprojekt war an keiner der befragten 48 Hochschulen das Absolventenprojekt im Bereich der Alumni-Service implementiert. Allerdings sind Alumni-Services häufig nicht Teil der Hochschulverwaltung oder -organisation, sondern als Vereine organisiert. Immerhin mehr als ein Viertel aller Hochschulen (28 Prozent) nennt die Alumni-Arbeit aber als einen (von mehreren) Aspekten, der einen hohen Einfluss auf die Entscheidung hatte, sich am Kooperationsprojekt zu beteiligen. Allerdings berichtet keine der sechs in den Fallstudien untersuchten Hochschulen von einer engen Zusammenarbeit mit dem Alumni-Service. Zwar wurden die Alumnistellen an drei der sechs Hochschulen explizit zur Mitarbeit an der Fragebogenentwicklung aufgefordert und haben an vier Hochschulen auch mindestens einen Ergebnisbericht zugeschickt bekommen, die Projektkoordinatoren können aber von keinem aktiven Interesse an den Daten berichten. An einer Hochschule war die Alumnistelle grundsätzlich zu Sitzungen der Fachbereichskoordinatoren geladen, nahm aber nicht teil. An drei der untersuchten Hochschulen beschränkt sich die Zusammenarbeit zwischen dem Projekt Absolventenstudien und der Alumnistelle auf einen Adressenaustausch. An einer Hochschule kam es zwei Jahre nach der ersten Absolventenstudie zu einer lockeren Kooperation mit der Alumnistelle wie die nachträglichen Befragungen 2012 ermitteln konnten. Es wurde ein gemeinsamer Flyer erstellt, der sowohl die Absolventenbefragung als auch den Alumni-Verein der Hochschule vorstellt. Dieser Flyer wird im Rahmen der Absolventenbefragung an alle befragten Absolventinnen und Absolventen verschickt. Eine weitergehende Verwendung der Ergebnisse oder eine engere Zusammenarbeit bei der Fragebogenentwicklung fand hier allerdings weiterhin nicht statt.

Bei allen sechs Hochschulen wurde die Absolventenstudie aber als Kontakt- und Marktforschungsinstrument genutzt. An keiner Hochschule war das Absolventennetzwerk derartig ausgebaut und aktualisiert, dass eine Adressaktualisierung im Rahmen der Absolventenstudie obsolet gewesen wäre.[11] Der Fragebogen enthielt einen optionalen Teil, der von den meisten Hochschulen übernommen wurde, welcher die Kontaktbereitschaft zur Hochschule abfragte. Neben der Teilnahme am Absolventennetzwerk wurden dort auch weniger verbindliche Formen der Bindung abgefragt, wie der Kontakt zu Lehrenden und ehemaligen Kommilitonen, die Zusendung eines Newsletters oder die Einladung zu Festlichkeiten der Hochschule. Dieser Frageblock konnte beliebig erweitert bzw. den Gegebenheiten der Hochschule angepasst werden. Manche Hochschulen wiesen in

---

11 An einigen Hochschulen konnte der Alumni-Service die Adressen allerdings zumindest teilweise ergänzen oder aktualisieren.

diesem Zusammenhang direkt auf das an der Hochschule existierende Netzwerk,
z. B. mit Hinweis auf die Internetadresse, hin.

3 Fördernde und hemmende Faktoren der Nutzung von Absolventendaten

Ein zentrales Ergebnis der Empirie ist, dass bei den untersuchten Hochschulen
bisher keine Entscheidungen auf Basis von Absolventenstudien gefällt wurden.
Primär werden die Ergebnisse von der Hochschulleitung und -verwaltung für
Sonderauswertungen, Akkreditierungen sowie für die Außendarstellung genutzt.
In den Fachbereichen und Servicestellen konnten nur vereinzelt Nutzungsfor-
men gefunden werden. Selbst in thematisch nahestehenden Bereichen wie dem
Career Service oder der Alumni-Betreuung wurde nur sehr vereinzelt von einer
Nutzung der Ergebnisse berichtet.

Dieses Kernergebnis führt zu der Frage nach den Ursachen bzw. Gründen
dieser Diskrepanz zwischen potenziellen Anwendungsfeldern und tatsächlicher
Verwendung in den Hochschulen. Sechs diese Diskrepanz erklärende Problemfelder konnten anhand der empirischen Untersuchung gefunden werden:

1. Fehlende dezentrale Ressourcen in den Fachbereichen für Evaluation und Qualitätsmanagement. Die Befragung bestätigt die Aussage von Kaufmann (2009:
   24), dass Absolventenstudien in der Regel ein zentrales Instrument sind. Sie
   werden von Stabsstellen oder der zentralen Verwaltung verantwortet, was eine
   Durchdringung der Fachbereiche schwierig macht. Die Fallstudien zeigen, dass
   die Beschäftigung mit den Daten in den Fachbereichen immer dann stattfand,
   wenn es einzelne aktive und interessierte Personen gab, die wenn möglich
   schon Erfahrung mit Absolventenstudien haben, oder der externe Druck durch
   Reformmaßnahmen oder schlechten Rankingergebnissen besonders hoch
   war. Aktuelle Entwicklungen zeigen, dass an einigen Hochschulen dezentrale
   Qualitätsbeauftragte in den Fachbereichen implementiert wurden, um nah am
   Fachbereich und seinen Mitgliedern Qualitätskonzepte durchzusetzen.
2. Fehlendes Interesse in den thematisch verwandten Servicebereichen wie
   Career Service, Alumni-Beauftragte/r und Studienberatung. Während sich
   das fehlende Interesse in den Fachbereichen durch die Charakteristika der
   Hochschule als „loosely-coupled" Expertenorganisation erklären lässt (vgl.
   Hanft 2000: 12), verwundert das fehlende Interesse auf Seiten der Service-
   bereiche. Da sie nicht zu den Kernkompetenzen der Hochschule zählen und
   ihre Mitarbeiter keinen Expertenstatus im Sinne einer Expertenorganisation
   haben, können die oben genannten Erklärungsmuster hier nicht angewandt
   werden. Im Gegenteil sollte die Zugehörigkeit ihrer Mitarbeiter zum Bereich
   der neuen Hochschulprofessionen ein enges Commitment zur Hochschule

und deren Weiterentwicklung erwarten lassen (Krücken et al. 2010). Bei den Servicebereichen könnten Absolventenstudien aufgrund der engeren Kopplung und hierarchischen Einordnung unter der Hochschulleitung stärker als Steuerungselement im Rahmen der Qualitätssicherung der Serviceleistungen eingesetzt werden.

3. Die Analyse der Berichte sowie die Interviews mit den Projektkoordinatoren weisen darauf hin, dass es ein Spannungsfeld zwischen dem eigenen, im Studium und häufig früherer wissenschaftlichen Tätigkeit sozialisierten Anspruch der Wissenschaftlichkeit und den an die Projektkoordinatoren herangetragenen Ansprüchen der Interpretation, Beratung und Konklusion gibt. Eine neutrale wissenschaftliche Darstellung der Ergebnisdaten überlässt die Interpretation und das Erkennen von Problemfeldern und nötigen Handlungskonsequenzen der Leserschaft. Die Formulierung von Problemfeldern erfordert das Verlassen der Position des neutralen Beobachters und kann in der Hochschule zu Kritik und Anfeindungen führen. Die Fallstudien zeigen, dass die Beschäftigung mit den Daten dort intensiver war, wo Problemfelder benannt wurden und deutschlandweite Vergleichswerte aufgenommen wurden. Dieser Auftrag an die Projektkoordinatoren muss allerdings von der Hochschulleitung gewünscht und getragen werden. Krella (2008) kommt in ihrer Befragung von bayerischen Hochschulmitarbeitern zu dem Ergebnis, dass statt der deskriptiven Wiedergabe von Ergebnissen, ein Ampelsystem gewünscht wird, in dem eine rote Farbgebung auffällige Befunde und somit einen Handlungsbedarf direkt erkennen lässt.

4. Eine fehlende Vernetzung und Verlinkung der Absolventenstudie zu thematisch verwandten Bereichen des Onlineauftritts der Hochschule. Dieser Mangel beeinträchtigt vor allem den Bekanntheitsgrad bei aktuellen Studierenden und Studieninteressierten. Das Internet war schon in einer frühen Studie des CHE (Hachmeister et al. 2007: 90) der am häufigste genutzte Informationskanal von Studieninteressierten. Auch für Studierende dient es als Orientierung für Schwerpunkt- und Nebenfächerwahl. Eine systematische Verlinkung würde den Bekanntheitsgrad und die Verwendung für Studienentscheidungen erhöhen.

5. Die Politisierung von Ergebnissen beruhend auf der Befürchtung, dass aufgrund von einzelnen Ergebnissen linear auf die Qualität der Hochschulausbildung geschlossen wird, führt zu Restriktionen im Umgang mit den Daten und zu Zensur und Kontrolle der Ergebnisaufbereitung. Eine Kultur, in der selbstkritisch aber auch produktiv mit Evaluationsergebnissen und dem eigenen Tun umgegangen wird, wird durch einen restriktiven Umgang mit den Absolventendaten verhindert. Das Beispiel der zwei Hochschulen, in denen die zentralen Servicestellen keinen Zugang zu fachdifferenzierten Daten er-

hielten, verdeutlicht die negativen Folgen für die Nutzung der Absolventendaten außerhalb der Fachbereiche.

6. Wichtige Adressatengruppen wie Studierende und Absolventinnen und Absolventen werden vernachlässigt. Insbesondere mit der Gruppe der Studierenden wird eine wertvolle Zielgruppe R ignoriert. Aufgrund des zu erwartenden
   höheren Interesses und einer geringeren Gebundenheit an die jeweiligen
   Fachkulturen kann die Involvierung von Studierenden zu kritischeren und
   innovativeren Diskussionen führen (vgl. Weiss 1998).

Die Beschreibung der Problemfelder gibt einen ersten Hinweis darauf, wie Hochschulen agieren können, um zukünftig die Verwendung von Absolventendaten zu
fördern und damit die Effektivität dieses Instruments zu steigern. Auf Basis der
Fallstudien können sowohl Aspekte der Verwendungsforschung (vgl. Feinstein
2002) als auch des Wissensmanagements (z. B. Schimmel 2007, Lehner 2012, North
1999) bestätigt werden: Das Interesse an und die Nutzung von Absolventendaten
steigt durch die persönliche Ansprache der potentiellen Nutzer, die frühzeitige
und regelmäßige Involvierung dieser Personen in die Planung und Ausgestaltung
der Befragung, die hochschulöffentlich wirksame Unterstützung durch die Hochschulleitung gekoppelt mit einer geringen Kontrolle und Steuerung der inhaltlichen Arbeit des Teams, das an der Hochschule die Absolventenstudie koordiniert,
sowie einer häufigen und zeitnahen Dissemination der Ergebnisse.

Am Ende dieses Artikels ist darauf hinzuweisen, dass sich die Untersuchung
auf den ersten Durchlauf des Kooperationsprojekts bezieht.[12] Seit Abschluss der
Befragung des Absolventenjahrgangs 2007 haben inzwischen fünf weitere Be-
fragungsdurchläufe stattgefunden. In den Fallstudien gab es 2012 schon erste
Hinweise, dass sich nicht nur die Professionalität der Projektkoordinatoren und
die Projektausstattung, sondern auch der Bekanntheitsgrad und der Umgang mit
den Daten in den Fach- und Servicebereichen geändert haben. Wünschenswert
wären weitere Befragungen, um zu untersuchen, ob sich die Hochschulen auf
dem Weg zu einer Evaluationskultur befinden, wie die folgende Aussage eines
Projektkoordinators es beschreibt:

„Also, das ist schwierig einzuschätzen, also ich glaube, dass es ähnlich ist, wie bei der
Lehrevaluation. Also, für die meisten ist das erst einmal lästige Pflicht. Die sehen, wir
müssen irgendetwas liefern für die Reakkreditierung, aber mhm (..) ich glaube, die
Einstellung ändert sich langsam. Also, die sind am Anfang auch recht skeptisch, weil sie
Angst vor irgendwelchen Kontrollen haben[…] und sind dann eigentlich ganz positiv
überrascht, wenn sie dann mal teilgenommen haben und sehen es dann auch irgendwie
als Serviceleistung. Also, ich glaube, es wandelt sich das Bild. […]"

---

12 Zwar gab es 2007 schon eine Pilotstudie des Absolventenjahrgangs 2006. An dieser
   haben sich aber nur neun Hochschulen beteiligt.

Literatur

Auferkorte-Michaelis, N. (2008): „Innerinstitutionelle Hochschulforschung – Balanceakt zwischen nutzenorientierter Forschung und reflektierter Praxis". In: Zimmermann, K. et al. (Hg.): Perspektiven der Hochschulforschung. Wiesbaden: VS Verlag für Sozialwissenschaften, S. 87–96.

Bok, D. und Bowen, W. G. (1998): The shape of the river: longterm consequences of considering race in college and university admissions. Princeton, NJ: Princeton Univ. Press.

Brennan, J.; Kogan, M. und Teichler, U. (1996): „Higher Education and Work: A Conceptual Framework". In: Brennan, J.; Kogan, M. und Teichler, U. (Hg.): Higher Education and Work (Higher Education Policy Series 24). London: Jessica Kingsley Publishers, S. 1–24.

Federkeil, G.; Giebisch, P. und Hener, Y. (2005): Bewertung des Qualitätsmanagements in Studium und Lehre an staatlichen Universitäten und Fachhochschulen in Nordrhein-Westfalen, CHE-Projektbericht, Gütersloh: CHE gGmbH.

Feinstein, O.N. (2002): „Use of Evaluations and the Evaluations of their Use". In: Evaluation, Vol. 8(4), S. 433–439.

Gläser, J. und Laudel, G. (2004): Experteninterviews und qualitative Inhaltsanalyse. Wiesbaden: VS Verlag für Sozialwissenschaften.

Hachmeister, C.-D.; Harde, M. E. und Langer, M. F. (2007): Einflussfaktoren der Studienentscheidung. Eine empirische Studie von CHE und EINSTIEG. Gütersloh: CHE gGmbH.

Hanft, Anke (2000): „Sind Hochschulen reform(un)fähig? Eine organisationstheoretische Analyse". In: Hanft, A. (Hg.): Hochschulen managen? Zur Reformierbarkeit der Hochschulen nach Managementprinzipien. Berlin: Luchterhand Verlag, S. 3–25.

Janson, K. (2006): „Potentiale von Absolventenstudien für die Hochschulentwicklung". Eine Veranstaltung der Hochschulrektorenkonferenz in Kooperation mit dem INCHER-Kassel und des Arbeitsbereichs Absolventenforschung der FU Berlin (Tagungsbericht). In: Zeitschrift für Evaluation, 2/2006, S. 351–357.

Janson, K. (2008): „Absolventenstudien als Instrument der Qualitätsentwicklung an Hochschulen". In: QiW – Qualität in der Wissenschaft, Zeitschrift für Qualitätsentwicklung in Forschung, Studium und Administration, Nr. 3/2008, S. 62–68.

Janson, K. (2012): „Die Implementierung und Verwendung von Absolventenstudien in der Hochschule". In: Kehm, B. M.; Schomburg, H. und Teichler, U. (Hg.): Funktionswandel der Universitäten: Differenzierung, Relevanzsteigerung, Internationalisierung. (Schwerpunktreihe Hochschule und Beruf). Frankfurt a.M. und New York: Campus, S. 139–156.

Janson, K. (2014): Absolventenstudien. Ihre Bedeutung für die Hochschulentwicklung. Eine empirische Betrachtung. Waxmann: Münster.

Jones, S. (1996): „Managing Curriculum Development: A Case Study of Enterprise in Higher Education". In: Brennan, J.; Kogan, M. und Teichler, U. (Hg.): Higher Education and Work (Higher Education Policy Series 23). London: Jessica Kingsley Publishers, S. 136–161.

Kaufmann, B. (2009). Qualitätssicherungssysteme an Hochschulen – Maßnahmen und Effekte. Eine empirische Studie. Bonn: Hochschulrektorenkonferenz.

Kloke, K. und Krücken, G. (2012): „Der Ball muss dezentral gefangen werden". Organisationssoziologische Überlegungen zu den Möglichkeiten und Grenzen hochschulinterner Steuerungsprozesse am Beispiel der Qualitätssicherung in der Lehre". In: Wilkesmann, U. und Schmidt, C. J. (Hg.): Hochschule als Organisation. Wiesbaden: VS Verlag für Sozialwissenschaften, S. 311–324.

Krella, S. (2008): „Nutzung von Absolventenstudien innerhalb von Hochschulen am Beispiel des Bayerischen Absolventenpanels (BAP) des Bayerischen Staatsinstituts für Hochschulforschung und Hochschulplanung (IHF) und der Hochschule München". Praxisbericht. Osnabrück: Fachhochschule Osnabrück, Fakultät für Wirtschafts- und Sozialwissenschaften, Studiengang Hochschul- und Wissenschaftsmanagement.

Krücken, G.; Blümel, A. und Kloke, K. (2010): Hochschulmanagement – Auf dem Weg zu einer neuen Profession?. In: WSI Mitteilungen, 5/2010, S. 234–241.

Lehner, F. (2012): Wissensmanagement: Grundlagen, Methoden und technische Unterstützung. München: Hanser Verlag.

Lenecke, K. (2005): Hochschulbindung durch Student Services. Grundlage, Analysen, Perspektiven. Saarbrücken: VDM Verlag Dr. Müller.

Nickel, S. (2007): Institutionelle QM-Systeme in Universitäten und Fachhochschulen. Konzepte – Instrumente – Umsetzung (CHE Arbeitspapier, Nr. 94). Gütersloh: CHE gGmbH.

North, K. (1999): Wissensorientierte Unternehmensführung: Wertschöpfung durch Wissen. 2. Aufl. Wiesbaden: Gabler Verlag.

Schimmel, A. (2007): Wissen und der Umgang mit Wissen in Organisationen. Systematisierungsansatz und Rahmenkonzept für wissensorientierte Unternehmensführung. Saarbrücken: VDM Verlag Dr. Müller.

Schomburg, H. (2001): Handbuch zur Durchführung von Absolventenstudien. Kassel: Universität Kassel, INCHER-Kassel.

Shoemaker, D. (Hg.) (1999): Research in Alumni Relations. Surveying Alumni to Improve Your Programs. Report on the 1998 Association for Institutional Research (AIR)/ CASE Alumni Research Conference. New York: Council for Advancement and Support of Education.

Teichler, U. (2009): „Zur Akkreditierung der beruflichen Relevanz von Studienangeboten". In: Terbuyken, G. (Hg.): Studium Bolognese. Akkreditierung als Instrument der Verbesserung des Studienangebots (Loccumer Protokolle, Nr. 26/09). Rehburg-Loccum: Evangelische Akademie Loccum, S. 183–213.

Weiss, C. H. (1998): „Have we Learned Anything new About the Use of Evaluation?" In: American Journal of Evaluation, Vol. 19(21), S. 21–33.

Weiss, C. H.; Murphy-Graham, E. und Birkeland, S. (2005): „An Alternate Route to Policy Influence: How Evaluations Affect D.A.R.E." In: American Journal of Evaluation, Vol. 26(12), S. 12–30.

Wissenschaftsrat (2002): Empfehlungen zur Reform der staatlichen Abschlüsse (15.11.2002). Köln: Wissenschaftsrat.

Autorinnen und Autoren

Choni Flöther, Dr. rer. pol., absolvierte 2002 ein Diplomstudium in Geographie an der Universität Bremen und promovierte 2009 in Sozialwissenschaften an der Carl-von-Ossietzky Universität Oldenburg. Seit 2007 ist sie wissenschaftliche Mitarbeiterin am INCHER-Kassel und leitet dort den Forschungsschwerpunkt „Studierende und Absolvent/innen". Arbeitsschwerpunkte: Berufliche Situation promovierter Absolvent/innen, Wissenschaftliche Karrieren, Hochschule und Region. E-Mail: c.floether@incher.uni-kassel.de

Kerstin Janson, Dr. rer. pol., war von 2004 bis 2012 als wissenschaftliche Mitarbeiterin am INCHER-Kassel tätig. Dort entwickelte sie zusammen mit Harald Schomburg die Idee für das Kooperationsprojekt Absolventenstudien und promovierte zur Frage der Bedeutung von Absolventenstudien für die Hochschulentwicklung. 2013 wechselte sie an die Hochschule für Internationale Wirtschaft und Logistik (Bremen) und leitet dort die Studienverwaltungen des BVL-Campus. E-Mail: janson@bvl-campus.de

Georg Krücken, Dr. rer. soc., studierte Soziologie, Philosophie und Politikwissenschaft an den Universitäten Bielefeld und Bologna. Promotion 1996, Habilitation 2004 (beides an der Fakultät für Soziologie der Universität Bielefeld). 2006–2011 Stiftungsprofessor für Wissenschaftsorganisation, Hochschul- und Wissenschaftsmanagement an der Deutschen Hochschule für Verwaltungswissenschaften (DHV) Speyer. Seit 2011 geschäftsführender Direktor des INCHER-Kassel und Professor für Hochschulforschung an der Universität Kassel. Arbeitsschwerpunkt: Sozialwissenschaftliche Hochschulforschung. E-Mail: kruecken@incher.uni-kassel.de

Lars Müller, M.A., Studium der Soziologie an der Universität zu Köln, arbeitet seit 2012 am INCHER-Kassel. Wissenschaftlicher Mitarbeiter im Kooperationsprojekt Absolventenstudien (KOAB). Themen: Studienabbruch, Hochschulwechsel, ehrenamtliches Engagement.

Tim Niels Plasa, Dr. rer. nat., hat Physik studiert und im Jahr 2007 an der RWTH Aachen mit dem Diplom abgeschlossen. Von 2008 bis 2011 arbeitete er an seiner Promotion in der Didaktik der Physik an der Universität Kassel, die er im Jahr 2013 abgeschlossen hat. Seit 2012 ist er am INCHER-Kassel tätig. Arbeitsschwerpunkte: Kompetenzen, Naturwissenschaftler, Duales Studium und Fragebogenentwicklung. E-Mail: plasa@incher.uni-kassel.de

Ulrich Teichler, Dr. phil., war – nach dem Studium der Soziologie an der Freien Universität Berlin und der Tätigkeit als wissenschaftlicher Mitarbeiter am Max-Planck-Institut für Bildungsforschung, Berlin – von 1978 bis 2013 Professor und viele Jahre geschäftsführender Direktor am Internationalen Zentrum für Hochschulforschung (INCHER-Kassel) der Universität Kassel. Längere Forschungsaufenthalte in Japan, den Niederlanden und den USA sowie zeitweilige Gastprofessuren und sonstige Lehrtätigkeiten in neun Ländern. Forschungsgebiete: Hochschule und Beruf, Hochschulsysteme im internationalen Vergleich, Internationalisierung und internationale Mobilität, Hochschullehrerberuf, Situation der Hochschulforschung. E-Mail: teichler@incher.uni-kassel.de

Vera Wolf, M.A., absolvierte 2009 ein Magisterstudium in Erziehungswissenschaft und Soziologie an der Universität Kassel. Seit 2009 ist sie wissenschaftliche Mitarbeiterin am INCHER-Kassel. Arbeitsschwerpunkt: Konzeptionierung, Durchführung und Auswertung von Studierenden- und Absolventenbefragungen der Universität Kassel. E-Mail: wolf@incher.uni-kassel.de